U0360086

面对面影响力

Becoming A Leader

值得追随一生的领导

陈 玲◎著

机械工业出版社
CHINA MACHINE PRESS

图书在版编目（CIP）数据

面对面影响力：值得追随一生的领导 / 陈玲著. --北京：机械工业出版社，2021.11（2023.11重印）
ISBN 978-7-111-69318-5

I. ① 面…　II.① 陈…　III. ① 领导学　IV. ① C933

中国版本图书馆CIP数据核字（2021）第206767号

本书所谈的领导力，不是商业原理，无关道德说教，而是你与你的下属、你的上司以及你无权指挥但又不得不合作的人协同成事时所需要运用的能力——面对面的影响力。

作为一本在岗言岗的领导力提升指南，作者从教学实践中遇到的具体情境出发，带领读者探讨如何施展领导力以进行有效的管理。管理是个岗位，领导力是门手艺。衷心祝愿读者在本书的帮助下，成为值得下属追随一生的领导。

面对面影响力：值得追随一生的领导

出版发行：机械工业出版社（北京市西城区百万庄大街22号　邮政编码：100037）
责任编辑：秦　诗　　责任校对：殷　虹
印　　刷：固安县铭成印刷有限公司　　版　　次：2023年11月第1版第3次印刷
开　　本：170mm×230mm　1/16　　印　　张：20
书　　号：ISBN 978-7-111-69318-5　　定　　价：69.00元

客服电话：（010）88361066　68326294

PREFACE

前　言

我写本书的意图

本书的原名为《领导力练习书》，是为学习领导力技能的学员们写的。

我原创的领导力系列的实战模拟版权课程——“LFC 领导力全垒打©”“BAL 创建领导力©”“LL 横向领导力©”，还有“FFL 面对面领导力©”，需要有一本课前与课后的读物，帮助学员预习、复习以及练习课上所学的知识和技能。

领导力这个话题可以很大、很泛。为了不误导大家，我先试着导读一下。

我在本书中所谈的领导力，不是商业原理，不是战略思路，更不是组织设计或流程打造……这些能力更偏重于某些商业智慧，如机会把握、判断准确、逻辑严密等。这些不是本书的重点。

本书的关注点也不在于道德说教，不在于探讨管理者必须具备怎样的素质——无论做什么当然是素质越高越好，不仅仅是做管理。本书也不聚焦在管理者的自我修炼上——虽然管理者的自我修炼一定是必要的，但领导力不是自我修炼自然而然的延伸。

本书所谈的领导力，就是你与你的下属、你的上司以及你无权指挥但又不得不合作的企业内外的人合力成事时需要运用的能力——面对面的影响力。

这是一本在岗言岗的领导力技能练习书：作为一个管理者，既然走上了管理岗位，你的心态、你的能力，要和你选择的职位适配，这就是准确的定位。定位不准确，做事就会费力不讨好。

管理是个岗位，领导力是门手艺。走上管理岗位，就得学会做领导这门手艺。如果你不找退路，也不想身在管理岗而心在业务岗地拧巴下去，就只有一条道可走了——成为真正的领导者。

本书分为上篇和下篇。上篇“领导力 行之有效”，是针对具体问题的解决和练习；下篇“领导力 坐而论道”，是从各个视角看待领导力这件事。

本书直面各种需要运用领导力才能成事，却因为各种障碍而迈不过去的坎儿，带领读者探讨解决管理和领导力问题的思路与技巧，让发挥领导力这件事，从举轻若重转变为举重若轻。

CONTENTS

目　录

前言　我写本书的意图

上　篇　领导力 行之有效

第 1 章　转型做管理　/001

1. 管理别人不是管理自己的延伸　/002
2. 做业务还是做管理，该如何抉择　/006
3. 晋升后的烦恼　/010
4. 上任伊始的菜鸟　/015
5. 新任主管的棘手事　/020
6. 忙得没有时间做管理　/025

第 2 章　领导力基本功　/031

1. 让员工明白指令，是管理者的第一道题　/032
2. 资源不是你手上的牌，你却要打好这张牌　/038
3. 分配工作惹出的风波　/044
4. 你表扬人吗，会表扬人吗　/049
5. 是否会关心员工，是个问题吗　/054
6. 帮助员工发展能力　/058
7. 怎么才叫重视员工意见　/061
8. 价值感缺失，怎么找回来　/066
9. 要打造高标准交付团队，就请绑架你自己　/070
10. 你会营造团队氛围吗　/074
11. 辅导员工是个要劲的活　/077
12. 走出鼓励学习的误区　/082

第 3 章　将任务推进到结果　/087

1. 如何避免执行计划“掉链子”　/088
2. 确保员工操作无误，才是辅导　/093
3. 走出 KPI 考核的困局　/097
4. 利用团队任务发起团建活动　/102
5. 履行职责结果却不好，是谁的责任　/107
6. 如何挽留稀缺性人才　/111
7. 用价值观差评员工，是在制造无解　/115
8. 让资历在自己之上的员工接受领导　/121
9. 怎么和考评差的员工面谈　/126
10. 如何招架新生代员工价值观带来的“惊吓”　/132
11. 领导力实践问与答（I）　/137
12. 领导力实践问与答（II）　/141
13. 领导力实践问与答（III）　/144

14. 领导力实践问与答（IV） /147
15. 领导力实践问与答（V） /150

第 4 章　转化负面情绪 /153

1. 领导真的需要激励员工吗 /154
2. 要是“画大饼”不管用，还能咋办 /159
3. 再谈调动员工的积极性 /164
4. 进入员工情绪的“雷区” /168
5. 企业变数中，如何帮员工自处 /173
6. “996”不是问题，老板意志下的“996”才是问题 /179
7. 分配任务不一视同仁引发的抱怨 /184
8. 无趣的领导也能让团队出彩 /188
9. 工作单调枯燥，我怎么激发员工 /191
10. 员工有畏难情绪就是没动力吗 /196
11. 员工眼高手低，我该拿他怎么办 /200
12. 当有人用哥们关系为难我时 /204

第 5 章　用价值引领合作 /209

1. 与人合作，除了价值还是价值 /210
2. “应该”和“道理”对部门合作无效 /215
3. 避免吃力不讨好的配合 /220
4. 在无信号管制处带好队伍 /225
5. 如何说服不想帮忙的人 /229
6. 争执对错还是探讨出路 /233
7. 面对多头领导的困惑 /239
8. 上司对你的方案不置可否 /244
9. 面对不可能完成的任务 /248
10. 怎样申请资源才不会被拒绝 /253

下篇 领导力
坐而论道

第 6 章 从实践反观理论 /257

1. 领导力的实践问题 /258
2. 是执行不力呢，还是领导无方 /269
3. 企业使命不等于员工动力 /274
4. “上下同欲者胜”，怎么同欲，怎么胜 /277
5. 载舟覆舟的民意 /280
6. 树立领导权威是个伪命题 /283
7. 领导者行为等于企业价值观 /286
8. 不完美的企业正千疮百孔地等你陷进来 /291
9. 关于领导力的散记与心得 /295
10. 领导，你的思维模式在哪个版本 /297
11. 管理靠“算计”，不靠生搬硬套理论 /299

后记：成为领导者，不是“论”成为领导者 /304

上 篇

领导力 行之有效

CHAPTER1

第1章

转型做管理

游得快的鱼不等于飞得高的雁。

从做业务到做管理，好比从游得快的鱼变成尚不会飞的雁。初上任者，怀着让自己游得更快的激情，却发现自己就像换了个坐标系，越努力，越不对路。管理他人并不是管理自己的延伸。这个弯该怎么转，是本章希望你了解的。

1/ 管理别人不是管理自己的延伸

> “作为管理者，最重要的工作就是实现团队的业绩目标。只要能实现业绩目标，你管我用的是下象棋的着数还是下围棋的着数呢，反正谁也不会忘记重要的事，那就是用团队业绩向上司证明自己作为管理者的价值。”

把优秀的业务人员提拔为管理者，很像让一个象棋高手去下围棋。象棋高手未必是围棋高手。象棋高手能否把围棋下得和象棋一样好，并不是最重要的。最重要的是：棋手是否能明白这是完全不同的“棋局”。

“只要能实现业绩目标，你管我是左手出拳还是右手出拳呢！”不仅有些新上任的管理者这么认为，很多创业团队的一把手（企业最优秀的业务人员——要么是最优秀的销售人员，要么是最牛的技术人员）也这么认为。这有问题吗？没问题。只是，要不要再深想一步：一个管理者如果靠充当超级业务人员来完成团队目标，在满足上司对业绩的期待的同时，能否说明自己已经在管理这方面做好了呢？试想一下，一位销售经理跟销售人员一起去客户那儿谈订单，结果销售经理凭借自己的销售能力拿下了订单，却把应该承担这项销售任务的销售人员变成了自己的跟班；一位技术经理不耐烦地抱怨自己的下属学不会，每次遇到技术难题都得自己亲自把关和完成，把自己变成了下属的下属。以业务能力谋求在管理岗位上的发展，就好比以游泳能力图谋在蓝天翱翔那样南辕北辙。

业务能力越好的管理者，越乐于使用自己的业务能力、显示自己的实力，而忽略了管理。

那是不是业务能力越强的人反而越不能做管理呢？对已经选择成为管理者的人来说，这个问题没有意义。你可以选择成为管理者，也可以选择不成为管理者。但只要选择坐上管理岗位，无论以前的你作为“鱼”时游得多快，都与要成为的“雁”毫无关系。从业务到管理，如脱胎换骨，就算在你不得不用你的业务能力扛下团队业绩的时候，也仍要怀着谦卑之心，学习如何像雁一样飞翔，如何比别的雁飞得更高，这才是你学习管理的真正开始。

为什么绝大多数业务骨干在成为管理者后都如象棋高手执了黑白子，烦躁而徒劳地挣扎：“我的车马炮都到哪儿去了！”为什么那么多由业务骨干转岗的管理者花费了许多年时间也没能把“做业务和做管理完全不同”这个基本问题弄清楚？

这不是用“管理能力缺乏”就能够一言以蔽之的。一个人的业务惯性、性格、心理因素，更可能成为影响其从做业务转向做管理的严重障碍。

比如业务惯性障碍：一个成熟的管理者即使不得不亲自处理业务问题，脑子里也会有一根弦：“今后如何让我的下属能够替代我完成这样的任务？”业务高手脑子里是没有这根弦的。这是对自己并不具备管理能力的“元认知”的缺失。

比如性格障碍：有的人天生就是喜欢在前台表演以获得赞誉，要他退到台后去成全他人的辉煌，这可不符合他的性格。

比如心理障碍：对有的人来说，张嘴批评他人、指挥他人，真不是件容易的事儿，他们宁愿默默地做事，也不好意思麻烦别人；有的人哪怕心里窝火，也不会去责怪别人。这样的管理者也大有人在。

我在本章要谈的，不是管理技能，而是成为管理者的障碍：惯性、性格和心理。

对于惯性这件事，其实除了自律，没有其他解决途径。如果你真想变身成一位优秀的管理者，起码要下决心做这样的盘点和计算：你所取得的团队业绩里，有多大的比例是你靠自己的业务能力获得的？有多大比例是你真正依靠他人的能力获得的？你想在今后多长时间里，将依靠他人能力获得的团队业绩的比例提升到多少？

对于不少管理者来说，与其给自己找理由说自己的业务能力他人无法替代，所以无法真正超脱出来专心做管理，不如看明白自己真正认为有价值去做的工作究竟是管理还是业务。如果是后者，那就请认真地把自己当作一个可以和他人进行高效合作的业务高手。用这样的定位来进行与业务有关的团队合作，才是顺势而为的做法。徒劳地把自己当作一个下不了业务、扛不起管理的管理者，是事倍功半的做法。

对于喜欢炫耀自己，不喜欢被员工的成就遮挡住自己光芒的管理者来说，与其一边在心里批评自己为什么这么喜欢炫耀，一边还是想遮挡住员工来炫耀自己，不如坦诚地告诉员工自己还是沉浸于靠业务出风头或者可以光明正大地炫耀给员工看，这都无伤大雅，就是不要嘴上说一套，行动上做另一套。性格缺陷谁都有，管理者也不例外，但唯有一点不会变：人人都喜欢真实的人，不喜欢虚伪的人。给自己留有余地，让自己发挥做业务的优势，一直发挥到累得不得不学习管理。让一切自然而然地发生。

对于在性格上存在障碍，不敢拿下属怎么样的管理者来说，得明白一件事情：做管理和做业务不过是不同的工作任务。这个任务没有要求管理者做员工的父亲、母亲、大哥、大姐，更没有要求管理者做员工的灵魂导师，恩泽员工或教育员工都不是管理者的责任。管理者的职责是完成团队业绩。在这个责任下，管理者要做的是和员工互利合作。如果合作不下去，就去弄清楚原因。弄清楚原因后，你可以和员工商量如何克服障碍，可以用和员工交换所需的方法达成“交易”，也可以和员工“强买强卖”，就是不能陷入和员工毫无互利互动，却在自己心里百转千回，最后还是活在自哀、自怨、自虐的恶性循环里。记住，那不是管理，更不是领导，那只是你自己玩的那点无用的心思。

让自己成为优秀员工的种种习惯，反而会成为管理者发展路上的绊脚石。管理别人不是管理自己的延伸。

倘若做管理是你自己的选择——你选择了基于管理岗位和员工互动，选择了用管理手段来实现团队的业绩目标。一旦开始了你自己的选择，就是开始了你自己解决自己问题的过程。学会选择、学会自律、学会坦诚合作，远比面对管理岗位却站不起来也坐不下去的姿态要舒服，要有意义。

1. 带领他人达成业绩目标，是你的选择吗？
2. 你有怎样的心理和能力障碍？
3. 你将如何克服这些障碍？

2 做业务还是做管理，该如何抉择

> 我是一个业务高手，现在公司给了我做管理的机会，我自己也觉得走上管理岗位能更好地发挥自己的能力。但是我很快就发现，在业务和管理这两条线出现分叉的时候，我的精力分配是有问题的。我不太清楚是应该更多地把精力放在业务上，还是更多地放在管理上。一方面，我害怕走上了管理岗位，我的业务成长速度会变慢，那我如何对我的员工进行业务上的指导？我感觉我必须在业务上让员工信服，才能带好团队。所以我不敢放弃业务。可另外一方面，我的管理技能又从哪些方面提高呢？

职场上的业务转型有两类，一类是从做A业务转为做B业务；另一类是从做业务转为做管理。从做A业务转型做B业务的人相对来说比较能够清醒地意识到一切要从头学起的必要性，也比较容易放下过往经验，学习新的业务。但从做业务到做管理的转型，大多数人都存在不适感——业务还是那个业务，做法却需要有转变。难改的业务惯性、同样的工作内容，着实会让刚上任的新手管理者遭遇各种难题：他人的挑战、自己的纠结……上司也会头大如斗：提拔了他后才发现少了一个业务高手，多了一个糟糕的经理。这时候，退，心有不甘；进，这路又该怎么走？

这是一场关于领导力问题的现场讨论。现场有人建议："首先要对自己的能力有清楚的定位。比如你擅长人际关系处理、资源协调和跨部门协作，那你就定位自己做管理岗。如果你更倾向于享受自己的生活，想把自己的业务专注地往更深层次钻研，那就往做专家的方向去努力。"

另一位学员并不同意这个观点。他认为："其实你已经选择走管理路线了，只不过在这个阶段，专业技能和管理技能都想要有所提升，从而出现了精力分配的问题。如果是这个问题，你就要看你现在的业务能力有多强，管理能力有多强，然后根据自己的能力情况和工作的需要去做安排。"

还有人说得更直截了当："如果你已经是管理者了，却还在纠结这个问题，那你其实不太适合做管理。因为管理者不会纠结于业务和管理的取舍。一个好的管理者不一定在业务上比下属强，也不一定需要用业务能力去管人。一个管理者最重要的工作是把一帮孙悟空、猪八戒、沙和尚那样的人凝聚在一起，把事做成。很大的概率是，业务能力越强的人管理能力越弱。"

其实这是一道已经做出了选择的"选择题"。这种现象并不鲜见。我每一次讲有关领导力的课程，一开始都喜欢问这样一个问题："在座的管理者们，如果你们面前有做业务和做管理两个选择，而无论做出哪个选择，其前程（包括名誉和金钱）都是一样的，在座的谁还坚持一定要选择做管理？请举手。"

每一次的答案都差不多：举手的人数一定少于 1/10。在此我不去分析这是为什么。这不是本节的要点。但是有一点非常清楚，不喜欢做管理，却走上了管理岗位的人，基本上就是想通过晋升到管理岗，拥有更好的前程，而不是出于喜欢做管理。只是，一旦选择做管理，而且不甘心退回业务岗，就只能让自己做出改变，来适应管理岗位的要求。

我的建议是，先测试一下目前你处于怎样的状态：你只需要了解自己在心里在和谁比较、拿什么内容做比较，就知道自己目前是业务心态还是管理者的心态。如果你的业务能力比别人好，你就很开心；业务上比不过别人，你就不开心，那就证明你还是业务心态。

因为错误的自我定位走上管理岗位，心态却还停留在业务心态上，这才是真正的问题。你是选择你的能力被别人使用，即做业务，还是选择去学会用别人的能力成事，即做管理，这是两件完全不同的事，需要完全不同的能力。

作为一个管理者，你能吸引和调用的人的能力越强，就代表你作为管理者的能力越强。一个出色的管理者需要具备这种心态：无惧他人在业务上超越你；从用人的角度来欣赏他人的才华。因为只有无惧他人超越你的业务能力，你才会不怕放下业务让别人去做，乐意为他人赋能，让别人在业务上攀你而上，才能做成管理的事。只有学会欣赏他人的业务能力，乐意帮助他人提升业务能力，才能让别人从与你的合作中获得快乐。

无惧他人的业务能力比你强，欣赏他人的才华，是管理者的关键品质。在这里，我不是在给你做人的品德建议，而是给你做管理者的技能建议。

但确实只有少数人能做到这一点。那么，是不是做不到这一点的人，一定通不过管理者心态的考验呢？答案是一定的。做不到这一点的人未来的晋升之路会受到业务心态的限制，会妨碍业务能力强的人为自己所用。最直接的结果就是，吸引不了比自己业务能力强的人。管理者的业务能力，就成为团队发展的天花板。

但这也只是对管理者自己未来发展而言。新晋升管理岗的人不会马上领导一个大团队，在这种情况下，团队业绩或许可以通过管理者的业务能力完成。同时，只要管理者敢于面对自己的短板，借助团队中其他人的人际能力，也是可以维持暂时安全的局面。这会给新任管理者时间，让他慢慢完成从做业务到做管理的心态转变。

欣赏他人的才华，充分发挥他人的才华，是领导者之所以能成功的重要品质。

1. 用管理中让你介意的事做分析：你介意的是什么？你介意的原因是什么？
2. 如果你是业务高手，你怎样利用你的业务能力带动他人完成团队业绩？
3. 你希望借助团队成员中谁的能力来弥补你的能力短板？

3 晋升后的烦恼

“一开始被提拔的高兴劲儿，很快就被各种以前没有遇到过的烦恼事给打消了。让我始料未及的是，平时无话不说的同事和伙伴很明显地和我有了距离。以前上司很欣赏我的工作表现，但现在对我的指责却比表扬多。过去只要做好自己的工作，按时上下班就行了，轻松自在，现在却要承担以前没有的压力。自从晋升后，我每天都要担心有没有人迟到或请假；会不会有人说不来就不来；张三是不是会操作计算机；交给李四的事情是否会出纰漏；王五和女朋友吵架，情绪不好影响工作怎么办……同时还要随时关注工作的进度和质量。就算下班回到家，脑子里也放不下这些事情。真觉得扛不住这管理岗，但又觉得晋升管理岗是自己职业发展谋求的事，怎么能退回去呢！”

晋升为管理者本来是件好事，但由于晋升后需要处理的问题已经远不止手头的业务工作，这对不熟悉管理工作的新任管理者来说，会有失重的感觉。尤其是面对纷至沓来却不知如何应对的事情，会完全失去了章法。

我把这个难题抛给几位管理者来回答。有人说："首先我不会把自己逼得这么惨，为了职业发展非去做管理岗。除非我觉得我成功的概率比较高，我才会接受任命。"也有人说："他明显没有达到管理者的水平，企业这是在拔苗助长。"

"你们企业不做拔苗助长的事吗？"我问。其实我都不用问，几乎每家企业都会做这种事情。有一位管理者说："这种事每家企业都做。拔苗助长虽然效果不好，但又是不得不做的事。原因有三：一是人才梯队厚度不够，企业发展又太快，所以只能矮子里面挑将军；二是提拔管理者的标准不清晰，不知道什么样的苗可拔，什么样的是烂泥扶不上墙；三是企业没有扶上马送一程的措施，只有选拔和淘汰，过程中没有支持和帮扶。"

这才是每个企业普遍存在的问题：新晋管理者得不到专业的指导，基本上处于自生自灭的"野蛮成长"状况。

不少新任管理者会进入哪里有火、就扑到哪里去救火的状态。员工没有能力完成任务，他就亲力亲为去帮扶员工；员工情绪有问题，管理者即使再为难也要做得亲和、有助于团结，尽量让团队呈现一片祥和的景象；员工迟到早退，就找员工谈话，希望消灭这种不良倾向。至于工作进度和项目进展，那更是让新任管理者操碎了心。

显然，上述做法吃力不讨好。在此传授一个判断法：带一个基层团队，如果你有为管理这个团队操碎了心的感觉，那么大概率的事件是：你站在了事情的末端做管理。也就是，你是在发生事情后救火。领导一个团队，当然需要提前预测可能出现的风险并为之做好预案，如果你操心都操在事后救火上面，很可能是你没有站在事情的前面驾驭事情的走向。

也有管理者认为，管理首先应该做的事情是让自己领导的团队对自己的指令做到令行禁止。用奖罚分明的方式增加自己的威信，并完善流程和系统来实施科学管理，做到对事不对人。如果能做到，当然很好。只是这种想法和做法有很大的概率是不能奏效的。一个强势的管理者很容易培养出失信的员工、私底下抱怨多的员工、虚与委蛇的员工。道理很简单，这种管理是站在中间，指令导向，过程控制。而作为一个管理者，管理任务执行要目标导向，领导他人要让他人心甘情愿。

领导力培训的讲师给出以下中规中矩的新晋管理者要遵循的步骤。

第一步：重新梳理部门价值，应用“二八原则”，对 20% 重要的事情重点关注，对于负责这 20% 事情的人，如果能力和动力不行，就要换人。把重要的工作把握住了，至少给上级一个良好的绩效预期。

第二步：建立绩效管理系统，用系统来控制风险，从目标分解、过程反馈、评价和结果应用，把管控的工作用系统来完成。

第三步：做好绩效过程跟进，及时发现问题和障碍，支持和帮助下属解决问题。

第四步：关注部门氛围，采用合适的领导风格，多用愿景型、辅导型和民主型，少用指令型和领跑型。

第五步：加强自我学习，新晋升到管理岗位，一定要加速学习如何做一个好的管理者。

以上步骤对于一个新晋管理者来说有些教条。道理上说得通的事，实施起来未必就能得要领。

一个新任主管未必能搞得清部门价值。

那么，怎么才能在上任后用最简单的方法成功地烧上三把火呢？怎么证明你成功地走出了第一步呢？就是你用第一个阶段的成绩（通常 1 ～ 3 个月，不要拖延到半年）获得上司和下属的认可。

怎么获得认可呢？就是做上司和下属都认为对他们有价值的事情。怎么让自己做的事情对上司有价值呢？请你不要自以为是，而要切切实实地弄明白：这个月、这三个月、这半年，上司需要你带领这个部门交付给他什么样的结果，从交付数量、质量和时限等方面与上司确认，确保你理解的就是上司想要的。这样，你起码有了一个管理团队的指南针。

接下来的事情就是面对你的团队。有人有情绪，有人能力不足，有人迟到早退……这些都不是你真正需要关注的事。你真正需要关注的是：哪些是完成你和上司确认好的任务的关键要素？如果关键要素牵涉到人的能力问题，就解决能力问题；如果牵涉到人的情绪问题，就解决情绪问题；如果是系统问题，就解决系统问题。总之，一切都是为了支援“前线”——目标的达成，而不是头痛医头，脚痛医脚。同时，你还要允许次要问题暂时得不到解决。

再接下来的问题是：怎样应对因为情绪而导致的执行力问题？最简单直接的方法，不是去消除关键员工的负面情绪，而是去满足该员工的心理需求。在你和你的下属之间形成价值交换，即你帮他，他也满足你的需求。当然，如何达到这个目的，需要很长的篇幅来说明，本书后文会提供细节上的说明，在此只是说个大方向。还有一个问题就是员工完成任务的能力。这里最重要的问题不是培养人，而是分配任务的时候要将拥有特定天赋和能力的员工放到最适合他的工作岗位上。能力辅导，是以适岗为前提的。也就是说，以你和上司确定的目标为导向，与员工进行价值交换的合作。这样，你向上司交付了他认可的价值，你起码不会被辞退。你和下属交换了他们的需求和你的需求，你起码不会被反对。然后再规划下一步的发展。

新晋管理者的三把火：与上级在任务价值和目标上对齐，以此为导向来推动团队工作——激励和帮助员工、制定方法。

新担任管理岗，当然会有意识跟不上、能力掉链子的情况。最简单的操作方法就是不要被眼前的各种障碍吓住。可以和上司确认清晰的阶段性目标，从这个角度来看待自己目前需要关注的关键要素。用人所长，以价值交换来满足员工和自己的需求，是目标导向下最快速和高效的上岗捷径。

1. 你的上司对你的短期要求和长期要求是什么？
2. 达到上司要求的关键要素有哪些？
3. 你认为你的管理工作都针对目标落实到关键要素了吗？

4 上任伊始的菜鸟

> 刘强入职公司经营管理部几年，工作上积极肯干、业务能力进步快、与同事相处和谐，很受经营管理部总经理的赏识，最近被提拔为负责支持 A 区经营管理的主管。

提拔到管理岗对个人是一个很大的激励。但面对今后要更多地与领导合作、要支持其他团队、要带领队伍做出业绩……如何从走马上任开始创建一个好的团队气象，为今后顺利开展团队管理工作开一个好头？

刘强刚上任时面对的是陌生的团队成员、不熟悉的工作内容以及他需要支持的各个方面的工作。对于需要从哪个方面着手来开始管理，才能得到上上下下、方方面面的赞同和支持，刘强完全是一头雾水。

刘强所在的经营管理部的作用基本上是为公司重大活动提供行动支持、为市场部门和工厂提供上传下达的链接支持。经营管理部总经理与刘强界定的管理职责是：从管理政策支持上和重大活动执行上支持 A 区从生产、市场到销售的三大环节。

这样一来，刘强被提升为业务主管后除了要对直接领导负责，A 区市场总监也是他业务合作上的重要领导。此外，他的部门还负责A区工厂与总部人力资源部之间的沟通，需要拟定一些必要的政策来解决工厂的人力资源纠纷问题。

刘强手下的员工，有比他资深、能力不在他之下的；有入职不到半年，能力尚弱的；有入职多年却长进不大的；有能力和责任心都比较欠缺的；有业务能力比较强，但沟通上有些欠缺的；有积极肯干但粗心大意的。

在现实工作中，被提拔上岗的主管，要面对上述情况的比比皆是。因此，这就成了一个人从业务走向管理的必经之路。如果你是刘强，上任伊始，你会采取哪些管理动作？

有管理者认为，可以组织一次户外团队建设活动，争取把团队建设做得更贴近年轻人。自己则需要认真考虑清楚最重要的工作有哪些，做到自己心中有数，否则是无法领导团队的。同时，自己还要确保将任务清晰地分解到每位员工，并告诉每位员工各项任务在质量和时限方面的要求。当员工在业务上遇到难处时，管理者应该马上帮助他们解决问题。初上任，并不是自己想建立威信就能建立的。因此，在一开始的时候，以德服人、以能力服人是现实可行的方法。

以上做法很安全也很正向。只是，用常规的团队建设凝聚人心，其力度是不够的。户外团队活动可能会对团队的氛围打造有益，但并不能够实现围绕团队任务完成打造“有效生产力”。

刘强自己把团队工作的重点考虑清楚也是非常必要的，如果管理者只停留在自己把工作考虑清楚，把任务布置清楚，在团队成员有困难的时候协作解决，那等于把团队前进和断后的重担都放在自己身上，员工则被管理者变成了无须动脑也无须独立对结果负责，只需要在“中间段”、在无障碍的情况下完成任务的“旁人”。很多管理者都在用这种

“老狼护小狼”的管理风格来管理团队。在大概率上，这种管理风格容易让团队成员形成一种惰性，认定领导帮助自己解决问题是应该的，是因为领导没交代清楚任务或无法解决问题才导致自己完成不了任务，责任在领导，不在自己。

也有管理者认为：建立游戏规则和管理制度才是首要的。自己作为一个管理者，对团队最重要的职责就是让员工遵守游戏规则，交付工作结果。因此，一是要规范每个人的工作责任，严格管理制度；二是以身作则带领大家，并从一开始就必须奖罚分明，这样才能上行下效，令行禁止。要做到这一点，也需要争取上司对自己的支持和理解。

这种管理方法也存在着普遍性。尤其在强调执行力的企业，这种管理风格会大行其道。在一定程度上，这种管理风格能够促进团队业绩的完成。但是，管理者的强势很可能会造成团队中成员心情的压抑，从而使业绩完成的质量受到一些影响，团队士气也会打折扣。总之，只要不是员工内心赞同的执行，都不可能是最佳执行。

在将管理意图转化为团队成员心甘情愿的执行和管理者需要的结果这个过程中，管理者最需要明白的一个真相是，管理到位、领导力起作用和管理者的思路有多正确之间还隔着很大一段距离。管理者认为的价值，不一定是员工认定的价值，更不一定是员工心甘情愿“买单”的价值；管理者制定的游戏规则，不一定是执行者认为切实可行的方法；管理者眼中的工作重点，也不一定是执行者看得到的关键点。因此，把自己的意图变成团队成员的意图，把自己的方法变成执行者心甘情愿的执行，才是管理者真正成事的用功点。

通常来说，业务出身，刚走上管理岗位的“菜鸟”，会由于之前长时间的业务工作导致其有了“一人吃饱，全家不饿”的思维惯性，即习惯于拿自己的想法去套他人的想法，习惯于用自己做业务的视角去管理团队。然而，自己看不见的，就是在团队达成业绩的过程中会缺失的。自己“吃饱”了，很可能团队成员的思维和行为还在“饿着”。

那么，究竟怎样做，才能确保团队中的每个人都能释放出积极主动的负责精神，而不是管理者独自瞎操心呢？我的建议是：管理者首先要了解大家的想法，同时将自己的想法和员工沟通，争取得到骨干员工的支持。在相互沟通的前提下，引导大家一起讨论本部门工作的真正价值所在，以及如何才能最大化地体现团队的价值。在这个过程中，自己尽量做一个协助者、帮助者、支持者，避免自己站在高处，举个大旗声嘶力竭，把大家变成了被动的跟随者。另外，不急于规范管理和建立制度，可以在任务完成的过程中和大家一起建立、完善管理制度和工作流程。

了解员工想法会给自己的管理带来知己知彼的效果。用带领集体讨论和研究的方法来做管理，可以引导大家对团队价值产生共识，让团队的价值变成员工自己的愿景。因为没有人愿意让别人告诉自己什么是价值，所有人都愿意为自己认可的价值而努力。还有，从旁观的帮助者的角度来支持员工，而不是事事亲力亲为，会让员工变成任务的真正拥有者。和员工一起制定规范的好处是可以让制度不流于纸面，而变成大家讨论出来的、一致通过的东西，这样可以换来大家的自愿执行。

让团队的价值变成员工自己的愿景；从帮助者的角度，让员工变成任务的真正拥有者；和员工一起制定制度和流程，让纸面的方法转化为真正的执行。

从团队成员的视角看问题，问问自己：为什么别人有积极性为你布置的团队任务而努力？怎样做才能释放大家的积极性和主动性，而不是只知道需要完成的工作内容？这才是管理是否有执行力的关键，也是管理的落脚点。

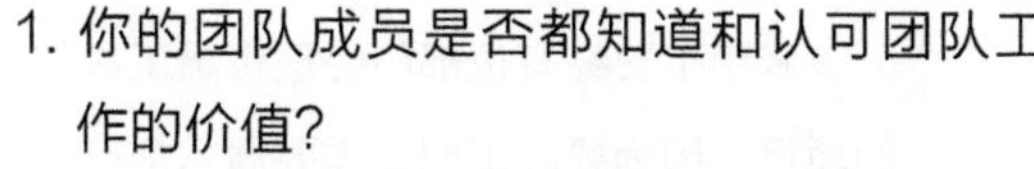

1. 你的团队成员是否都知道和认可团队工作的价值？

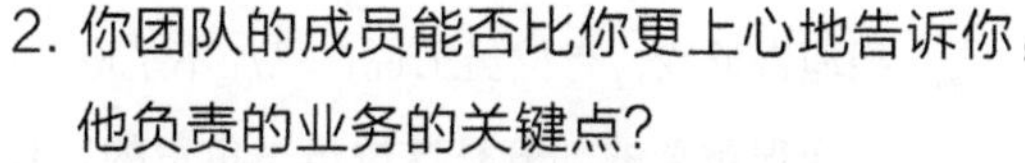

2. 你团队的成员能否比你更上心地告诉你，他负责的业务的关键点？

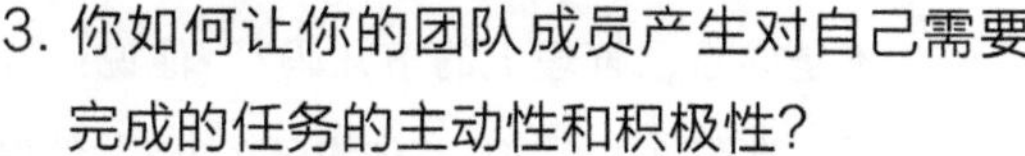

3. 你如何让你的团队成员产生对自己需要完成的任务的主动性和积极性？

5 新任主管的棘手事

> 我手下曾经有位部门经理带员工参与一个较大的项目。因为要赶工期，需要周六加班，那位部门经理告诉我，有位员工说自己加不了班，可是那个工作很重要的部分是这位员工负责的。我说："这不是你自己管理上的事儿吗？"他说："我跟他谈了，谈不动。"我说："你说怎么办？"他说："我有什么办法，我有办法就不来找您了。"

优秀的业务骨干往往是其上司眼中提拔为管理者的最佳人选。但业务骨干被提拔后有段日子会很不好过，要么比以前更累，需要承包业务中的各种难题，亲力亲为地死磕业务，要么就是被员工的各种"刁难"玩弄于股掌之间。如果业务骨干被提拔后不能成功转型为合格的管理者，结果就是他的团队和他自己都陷入泥潭。

"我这个企业的特点是：当业务量大到一定程度的时候，就会产生一个又一个的团队。这些团队的领头人一般都是过去的业务骨干。但我很快发现一个比较严重的问题：这些业务骨干在干活的时候都很棒，自己做一个项目，甚至带两三个人做两三个项目都可以。但是如果给他一个团队，业务量大到千万级的时候，问题很快出现了，那就是，从业务骨干提拔起来的人没有管理的思路，也没有管理的方法，甚至很排斥做管理工作。结果当然就不太好，最严重的后果就是团队散伙，好员工留不下来，差员工留在那儿'磨洋工'。"学员说。

"对于刚才说的那个员工不愿意加班的情况，你是怎样应对的？"我问。

"那就只能我亲自给那个应该加班的员工打电话了呀。"学员说。

"我确认一下：你是说，下一级管理者要求员工加班，被员工拒绝了，跑到你这儿来求助。你就亲自打电话给那位员工，代劳了，是这样的吗？"我问。

"因为客户的那个事儿很重要，我出马的确能把这事儿解决了。但我自己都觉得我这样做有些不对。"学员说。

"业务好的员工被提拔到管理层是一个必然。但这就相当于本来有一条鱼游得又快又好，被提拔了，从鱼变成了雁，不能靠游技，得会飞了。可游和飞，操作要领完全不一样。上司说：'你得学会飞呀。'他说：'我游惯了，我还是使更大力气游吧。'但他就算游得再快也没用。他还是只会游（做业务），而不会飞（做管理）。"我分析道。

学员认可我的分析道："没错，那只小雁不跟着我飞。"

"结果你就自己飞一回。你得手了，他的挫败感就更强了。今后他管不了的事都会来找你，因为你一出手就能解决问题呀。"我说道。

"被你说中了。我也累呀，就冲他发脾气，他就跟我说他不会当领导，还是干回业务吧。"学员无奈道。

遇到这类问题该怎么办？我把问题抛给在场的人。那是在一个有关领导力的访谈节目上，我充当提问和解答问题的角色。

现场有一位管理者认为，让员工加班，是主管必须能做的事。他的上司首先需要做的是让他负起管理的责任来。

我提醒，在这个案例中我们需要考虑的是，既要让主管负起责任来，也就是解决他的态度问题，又要让主管学会领导下属，也就是提升他的领导能力，同时还必须确保客户的问题能够得到解决。要保障这三重结果，光对这位主管强调需要对管理员工负责，可能达不到效果。

当你面对这位刚被提拔的管理者的时候，你需要做两件事：一是调整他的心态。他当时是什么心态？他已经被员工拒绝过一次了，对再次给员工打电话有畏难情绪。所以，你要先消除他对打电话这件事儿的抵触和退缩情绪。二是共担责任，可以用和他共担责任的方法来给他支持，消除他对失败的恐惧感。等到这个问题解决了，才和他共同分析员工不愿加班的原因和客户的问题所在，找到解决问题的方案。然后再让这位主管给员工打电话。你通过辅导他，让他自己解决了问题，会增加他的自信，同时也使他学会了解决这类问题的方法。

说完上述方法，我问了上司有关这个故事的细节。

我：什么原因让员工拒绝加班？

他：那个员工说要去相亲，加不了班。在他看来，周末相个亲，肯定比加班更重要。

我：这个问题难解决吗？

他：要是我就不难解决。可以协调相亲的时间和客户要解决问题的时间，让两个时间段不冲突。

我：那好，你就先从打消主管的畏难情绪做起。

以下是上司扮演者和刚提拔的主管的扮演者之间的对话。

上司：我一定不会出面去帮你处理这件事。因为这是你的员工。我和你是上下级的关系。如果我出手去做了，你对他就没有管理权威了。

我可以和你一起想办法，所有的实施你来做，我和你共同承担所有的结果。即使明天这个客户跑了，我也愿意为你的失败买单。你必须克服对失败的恐惧。

主管：那行，反正这个客户您最熟，那您看看怎么跟客户沟通一下问题。（还是想退缩。）

上司：先不谈客户的问题，咱们先解决你的问题。你愿意给这个员工打电话吗？如果你给这个员工打电话他来加班了，是不是就没有后续客户的问题了？你要同意，咱俩现在先讨论这个问题。然后你去给员工打电话，而不是我打电话。如果你打电话不成功，咱俩再讨论接下来的问题可以吗？

然后他们进入了如何给员工打电话的细节讨论——员工相亲需要多长时间，项目的问题解决需要多长时间，今天晚上是不是能把这部分时间抢出来，是不是可以去和客户沟通一下，让客户往后腾半天时间……最后，这位主管自己打电话解决了所有这些问题。

“扶上马，送一程”，是教新任主管带员工，不是帮新任主管带员工。

辅导新上任的管理者学会管理，其上司必须“扶上马，送一程”。与其抱怨新任管理者不会管理下属，不如看看自己如何辅导自己的下属。以言传身教的方式来教新上任的管理者如何管理员工，不失为最好的示范。

作为上一级管理者，你有没有：

1. 和新任主管一起设定其管理能力提升的目标？
2. 设定定期帮助新任主管的时间？
3. 帮助新任主管排除心理障碍？
4. 帮助新任主管提升管理和领导技能？

6 忙得没有时间做管理

> 并不是走上管理岗后就脱离了业务，只做管理。我的感觉是，不但不能丢下本来就在干的业务工作，还要关注其他员工的工作是否顺利完成。此外，上级委派下来的各种突发任务或临时任务，也都落在了我的头上。以近期某一天的工作为例：和供应商讨论并敲定方案，参加 HR 组织的绩效考核会议，和一位员工进行一次重要谈话，将下半年预算交给财务部，完成下周会议的策划案。这些事已经够我忙得昏天黑地了，而这一天又恰巧是女友的生日，我答应了晚上给她过生日。没想到上司又突然安排我去做支持销售的方案演讲，打乱了我的计划。我就是有三头六臂也来不及在一天内完成这么多事情啊。

一线管理者不但需要承担业务工作，而且业务工作量会远远大于管理的工作量。因为团队的管理者自己往往就是团队的骨干员工。在这种情况下，作为兵头将尾的一线管理者，该如何面对业务和管理重叠的情况？对他们强调管理的重要性还有意义吗？

“从我学过的时间管理的方法来说，我需要用时间管理上紧急和重要的四个象限分析哪件事情对自己所要的结果影响最大。对自己所要结果影响最大的事情，自己必须亲自过问和完成。我觉得和女友吃饭是十分重要的，总是因为工作忙而忽略女友的感受，感情迟早会出问题。对员工没有能力做到的重要业务工作，自己应该亲自过问以保证结果。管理上的事情，也得我亲自做吧。这样算下来，我还是忙得不可开交。那天晚上我陪女友过完生日又回来加班到很晚。我学过时间管理，但时间管理有用吗？所有我该干的事，不都还是得我来完成吗？”

对一个新任管理者来说，用时间管理方法来分析工作的重要性是对的，但问题是，他的分析还是停留在员工的角度。管理者应该首先分析什么是管理、什么是业务。对业务，要尽量通过调动员工积极性和提升员工能力让员工去完成。这样既提高了自己的管理能力，又提高了团队的积极性和业务能力。当然，对他人能力不及的重要业务自己可以承担，但与此同时也必须考虑提升员工的能力，以便在今后员工可以接手。

我用两个时间管理象限图来说明问题。图 1-1 是员工的，图 1-2 是管理者的。

走上管理岗位后，要调整时间管理象限中“重要事情”的内容。对一个员工来说，最重要的事情就是自己所面对的最重要的业务工作。对一个管理者来说，最重要的事情则是最重要的管理工作。在管理者的时间管理中，把当员工时“重要且紧急”的业务挪到“紧急且不重要”的象限，会引起业务一线管理者的质疑：有些重要的业务工作就是自己必须完成的，就是团队最重要的工作，难道这不能算是最重要、最紧急的工作吗？

重要

紧急	不紧急
重要且紧急 • 重要业务工作 • 重要感情关系中的突发事件	重要但不紧急 • 为成长而做的安排 • 重要感情关系 • 重要的兴趣爱好 • 与身体健康有关的事
紧急但不重要 • 临时需要快速处理的业务工作 • 快速帮助他人解决的问题	不重要也不紧急 • 和工作、重要感情关系无关的事情 • 与重要的兴趣爱好无关的事情

不重要

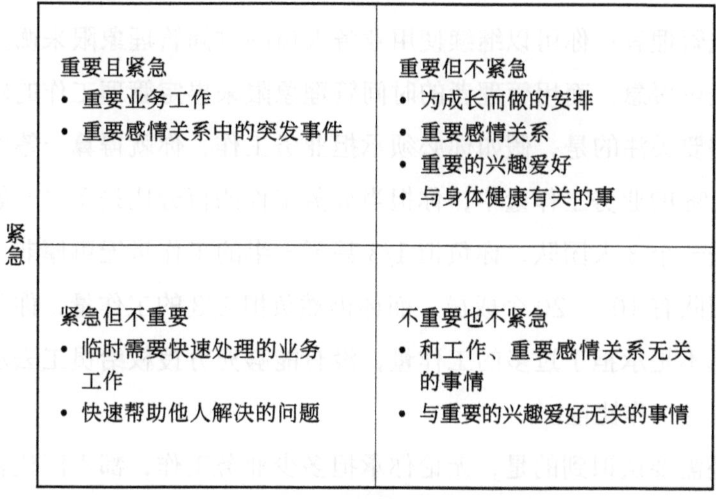

图 1-1　员工在业务层面的时间管理象限

重要

紧急	不紧急
重要且紧急 • 有时限的管理工作 • 紧急而重要的业务上的员工辅导 • 重要感情关系中的紧急事件	重要但不紧急 • 设计管理措施来减少紧急情况出现的频次 • 重要业务方向和关键点的研究 • 重要感情关系 • 重要的兴趣爱好 • 与身体健康有关的事
紧急但不重要 • 上司交付的临时出现的紧急事情	不重要也不紧急 • 和工作、重要感情关系无关的事情

不重要

图 1-2　管理者在管理层面的时间管理象限

我把时间管理象限分成业务和管理两个不同层面，是想告诉新上任的一线管理者：你可以继续使用业务人员的时间管理象限来衡量业务工作的轻重缓急，而用管理者的时间管理象限来界定管理工作的轻重缓急。但需要关注的是，假如你必须承担业务工作，你就得算一笔账：在团队 100% 的业务工作量中，你担当业务工作的百分比是多少？如果你领导的是一个 3 人团队，你负担 1/3 甚至一半的工作量无可厚非。但如果你的团队有 10 ～ 20 个成员，而你仍然负担 1/3 的工作量，你就需要考虑你是不是承担了过多的工作量，没有能够充分授权给员工去承接其应有的业务工作比重。

你还需要认识到的是，无论你承担多少业务工作，都不能代替你管理岗位的工作。即使你只能把 20% 的时间放在管理上，你仍然需要利用管理者的时间管理象限来权衡管理工作的轻重缓急。

更重要的是，从你被提拔到管理岗位，从你自己决定要走管理路线，你未来的成长所基于的就已经不是你的业务能力了，而是你的管理能力。因此，重视管理和管理能力的提升，与你接受被提拔到管理岗位，在逻辑上是一致的。

说完权衡轻重缓急的原则，再说点在忙得分身乏术的时候如何做到分身有术。你可以先将每天要做的事情列出来，然后问自己三个问题来权衡自己的时间分配。

1）这是必须做的事情吗？

2）这是必须今天完成的事情吗？

3）这是必须我亲自做的事情吗？

如果对第一个问题的答案是“yes”，那意味着，这件事就是重要的事情。如果对第二个问题的答案是“yes”，说明这件事既是重要的也是紧急的。如果对第三个问题的答案是“yes”，说明这件事既是重要的也是紧急的，又是必须亲自做的。你不妨利用表 1-1 来让自己清楚地知道每天的时间安排和工作重点。

表 1-1 中是案例中这位管理者一天要做的事项。

表 1-1 经理一天要做的事项

事 项	必须做吗	必须今天完成吗	必须亲自做吗
和供应商讨论并敲定方案	Yes	Yes	No
参加 HR 组织的绩效考核会议	Yes	Yes	Yes
和一位员工进行一次重要谈话	Yes	No	Yes
将下半年预算交给财务部	Yes	No	No
完成下周会议的策划案	Yes	No	No
晚上为女友过生日	Yes	Yes	Yes
上司安排我去做支持销售的方案演讲	Yes	Yes	No

这样排下来，和供应商讨论并敲定方案、完成下周会议的策划案、做支持销售的方案演讲这三件事，这位管理者可以尽可能用管理动作来完成。也就是，通过辅导员工，让员工有能力去完成。也许有人会说，上司要求这位管理者亲自去做方案演讲。是，上司很可能确实是这么说的。但往往上司真正在意的是结果，而不是谁去做某件事。如果管理者能辅导员工完成任务，那就获得了两全其美的效果：通过管理的方法实现了业务结果。

和员工进行的重要谈话，是重要但不紧急的事。如果今天能抽出时间，可以今天完成。如果今天没时间，也可以选择其他时间来做。财务部要求今天交付下半年预算，如果紧急，可以口授给员工完成初稿。如果不紧急，也可以不必非得今天完成。

这样权衡下来会发现，这位管理者当天需要着手去做的重要且紧急的、必须自己亲自做的事情只有两件：①参加 HR 组织的绩效考核会议；②晚上为女友过生日。

有没有可能管理者手上的事情比这多得多，就是来不及完成？当然有可能。只是，我们在这里谈的不是今天有没有可能完成所有必须完成的事情这件事，而是作为管理者，你是不是让自己始终把时间和精力放在最重要的事情上。而这，经过长期积累，可以决定一个管理者的成败。

主动安排时间的人会成功；被动地被时间安排的人会失败。

成功与失败的分界线在于：成功者管理时间，总是把时间和精力放在最重要的事情上；失败者被时间管理，总是被紧急的事情牵着走而抽不出时间专注重要的事情。胜者和败者之间的区别在于管理时间还是被时间管理。

1. 列出你在管理中最重要的三类事情。
2. 审视你每天花多少时间在你所列的最重要的事情上。

上篇

领导力
行之有效

CHAPTER2
第2章

领导力基本功

员工入职是加入公司，员工离职却往往是离开经理。盖洛普的Q12研究发现：领导能力越强，员工敬业度越高。反之亦然。本章旨在帮助管理者获得决定员工敬业度和创造出色业绩的12项领导力。

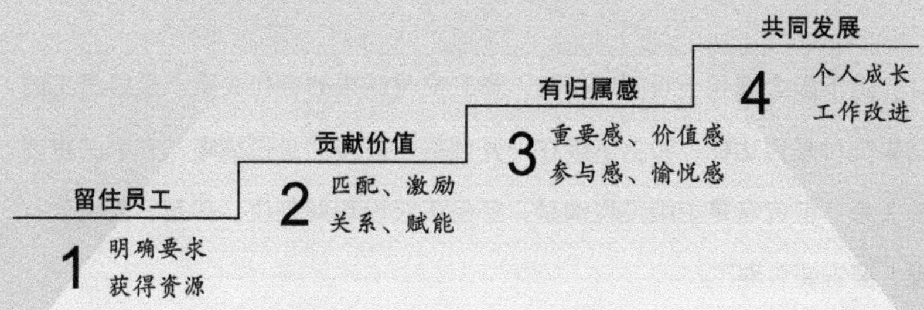

1 让员工明白指令，是管理者的第一道题

> 下面是一组背对背的抱怨。
>
> 员工说："被上司的指挥棒指挥得晕头转向，做个图表改来改去，写个材料折腾来折腾去，还常常加班加点做这些没有意义的事情……"
>
> 管理者说："为什么员工总是做不对事，抓不到重点！一项任务交代下去，每天要来问我若干遍，一次两次三次，一天两天三天，我都快被整疯了。我该怎么办！"
>
> "我交代任务时不知道员工没听明白，员工也不表达，最后憋出个收不了场的大错！"

上下级之间是上级下达任务，员工交付结果的合作关系。最终员工的结果交付是否达标，和上下级在一开始的任务传达是否清晰，有至关重要的关系。但究竟是上级没说清楚，还是下级没理解到位，却是"公说公有理，婆说婆有理"。

我在课堂上和管理者们讨论这个问题的时候，听到以下几种观点。

A 观点："特别不认同不在自己身上找原因，只在背后议论上级如

何如何的员工。这种员工，明明是自己交付工作结果出现问题，却把责任推给领导。如果遇到这类以领导没有说清楚工作目的为借口的员工，领导就应该在交付工作时直接解释清楚工作的目的，让员工对自己交付的工作结果出现的问题找不到借口。”

我们不否认这样的员工会有自身的问题需要解决。

比如，员工可能是自己能力不济。所谓能力不济，一可能是和上司就工作任务的沟通有障碍，与上司沟通的能力存在问题；二可能是完成业务的能力不足，需要不断求助于领导；三可能是埋头拉车，不关心方向，导致工作抓不到重点；四可能是员工的心态有问题，比如习惯于被指挥，不习惯于看到问题、提出问题和解决问题，或缺乏对任务的拥有感。

如果不是上述所列的员工能力问题，而是员工工作积极性的问题，那么，在发现员工积极性问题的时候，及时让员工知道工作的目的和价值，让员工对任务产生参与其中的拥有感，或许会有利于员工工作积极性的提升。

总之，不管是哪类问题，都不是真正的问题。真正的问题是，管理者有没有看见员工的问题究竟在哪儿。

B 观点：“员工没有工作积极性就会找借口责怪领导。我认为在职场上尽责做好手头工作是应该的。领导应该和员工说明这个问题，让员工认识到无论在任何情况下对工作都该有敬业态度。”

还有 C 观点认为：“应该以怎样的态度面对领导交付的工作，是员工入职时 HR 部门做新员工培训中就该说清楚的。让员工到了工作岗位抱有这种态度，首先应该负责的是 HR 部门。其次，员工的直接领导需要补台。”

无疑，员工遇到问题找借口，而不是找出路，肯定无法带来好的工作结果；HR 部门也确实需要承担员工入职培训的责任。只是，当真的出现了员工和领导背对背“互相推诿”的情况，管理者的重点放在判断员工的对错，对管理者自己目的的达到并不能起到太大的作用。HR 部门作为或不作为，对于员工的直线领导来说，也是远水救不了近火。直线领导要做的事情，就是解决如何交付任务，才能让员工清晰有效并心甘情愿接受的问题。是否能做到这一点，检验标准就是员工是否按时、按量、按质地交付工作结果。

我之所以首先讨论这个问题，是因为这不仅是管理者经常遇到的困惑，而且是入门级的问题：一项工作任务，怎么传递，才能从管理者的思想和表述，转变成员工的理解、积极性和结果交付。之所以说这是个入门级的问题，是因为这个问题不能顺畅解决，一定会影响管理者与员工之间工作结果达成的目的和高效愉快的合作关系。不要忘记，管理者与员工之间的最基本的关系，是任务交代和结果交付之间的关系。

我从管理者那儿发现，这里有三个问题需要讨论：

第一，有没有一个方法可以大概率地解决这类问题，让大多数的管理者和员工能够快速高效的就任务的传递达成链接？

第二，员工有不同的心态和能力，管理者能不能针对不同心态和能力的员工对号入座地找到布置任务的沟通方式？

第三，管理者能不能同时训练自己的员工，让员工学会接受任务的方法，提升一次性把事情做对的概率？

先谈第一个问题，有没有一个方法可以大概率地让管理者和员工就任务传递达成高效链接？

我们可以把一项任务拆解为以下几个关键元素。

1）任务的描述：这是一项什么任务？让我去搜集数据还是让我去做图表？人不能在不知道要自己做什么的时候就去做。

2）这项任务的意义或目的：我为什么要完成这项任务？人在不了

解一件事情的价值的时候，在对做一件事的目的性缺乏了解的时候，很难产生积极主动地想办法做好的心态。

3）怎么才算完成了这项任务？需要什么时间完成任务？需要达到怎样的程度（数量标准和质量标准）？在缺乏精准的衡量标准的情况下，人做着做着就容易按照自己的想象，偏离完成任务的目的。

4）用什么方法去完成任务？上下级达成一致的方法能确保执行的畅通和结果的达成。

5）资源和支持的情况如何？事先了解资源状况和支持保障，管理者和员工可以进入心照不宣的合作状态。

6）把人的因素代入其中：管理者凭什么让员工对该项任务产生担当的积极性？员工是如何获得对这项任务的热情的？

如果管理者在向下属布置任务的时候能囊括上述六个关键元素，那么，在大概率上，管理者就能够确保与下属就工作任务的布置达成比较高效的链接了。

回答第二个问题：如何针对不同心态和能力的员工，对号入座地找到交接任务的沟通方式？

先谈能力问题。员工的能力是否匹配管理者布置的任务，这是管理者在布置任务的时候就应该关注的。管理者确实需要重视对员工能力的培养，但这是员工培养范畴的事情。对布置工作这个范畴而言，管理者要做的是挑选能力能够匹配工作任务完成的员工。

员工积极性是个老生常谈的问题。通常，员工接受任务的积极性来自以下几个方面：

1）个人的爱好和倾向；

2）自身的能力优势的发挥；

3）任务的重要性和价值感会使员工产生被重视的感觉，从而调动其积极性；

4）让员工参与讨论问题，会让员工产生拥有感，从而调动其积极性；

5）有的时候员工并不是真的喜欢承担这些工作，但如果让他知道，他有能力承担这些工作，并能够通过做这些工作，换取他认为对他更有价值的事情，员工也会产生积极性。

回答第三个问题：管理者如果能够在布置任务的时候，同时训练员工学会用有效的方法来明确任务的关键点，而不是等着领导都交代清楚，就能确保提升一次性把事情做对的概率。我建议管理者教会员工在接受任务时，无论领导是否交代清楚，都需要通过提问来明确以下关键点：

1）任务的目的——员工提问，领导来回答。即使领导布置任务时没有说明，员工也必须问清楚。

2）任务的目标——完成的时限、完成的数量、完成的质量要求。教会员工和上司共同讨论明确任务的目标。

3）任务完成的方案、资源和行动计划——教会员工在了解清楚资源和支持条件后，自己先拿出方案和领导讨论。

布置工作任务时需要员工明晰关键要素：任务的目的、达标标准、执行方法、完成时限、所需资源和支持。

管理者在给下属布置工作任务的时候，所面对的有两个方面的事情：一是这项任务的目的、目标和方案；二是这位员工的积极性和能力。

管理者需要做的是：

1. 首先挑选能力上能够承担所布置任务的员工来担当任务。
2. 然后用目的—目标—方法的顺序布置任务。
3. 让员工看明白该项任务对其个人的价值。

2 资源不是你手上的牌，你却要打好这张牌

> 我的一位员工说，随着他手上需要管控的项目的增加，他需要用一款项目管理软件来提升项目管控的效率。购买这款软件需要几万元。但我不是十分清楚这位员工是不是非用这款软件才能管理和控制项目进度，所以不是很有把握是否一定要购买这款软件。同时我也知道，我的上司在“八字没有一撇”的情况下批准购买软件的概率不大。因此，我就只能鼓励员工先用 Excel 来管控项目进度。但我后来听到员工在背后抱怨。我怕如果事情总是这样，会打击员工的工作热情。

“老板要求马儿跑，又要马儿不吃草”“让员工按时按质交付结果，却无法提供足够的资源支持”这类话，一听就知道是来自员工的抱怨。一个普遍的现象是：一方面，企业总是处于人力不足、资金不够、设备不完善、系统不健全的状态。但另一方面，企业的业绩目标却制定得毫不含糊。夹在企业要求和员工需求之间的管理者，常会陷入左右为难的情况。

以下是几位管理者对这类事的看法。

A 观点：我觉得不用顾虑太多，实事求是就好。如果公司有资源，管理者当然可以提出申请，支持员工。但如果公司没有办法在资源上帮助到员工，管理者用激励的方法让员工克服障碍，完成任务，也没有什么失职的错误吧。如果员工的积极性因此受到了打击，那也不是管理者的问题，而是企业资源本来就不足的问题。

B 观点：员工工作需要资源支持，管理者应当应分第一时间站出来支持，尽量帮助员工获得资源。这是一个对员工负责的管理者的职责。

我点评：A 观点没问题，也没作为。企业资源，确实不是管理者手中的牌。没牌打，还能赖管理者？所以没问题。但管理者的作用是带领团队完成业绩，在这个过程中一定会用到资源。站在企业资源（有或者无）和员工执行之间的管理者，如果对资源只起到有就“搬运”，没有就不作为的作用，那撤掉这个管理者的岗位，让需要使用资源的员工自己去了解资源情况不就得了，还要管理者在中间起什么作用呢？

至于 B 观点，管理者站出来为员工争取资源没有错。但管理者如果只是把自己放在员工一头的位置上和企业“拔河”，不就意味着放弃了自己的真正位置——站在企业和员工的中间来发挥自己的管理作用，来解决问题了吗？

我这么说，肯定有很多管理者不服。明明是企业资源不足，怎么就得管理者来承担责任呢？

那我就举例说明：诸葛亮唱“空城计”这个故事大家都知道吧。我在此引用一段：三国时期，魏蜀之战，魏平西都督司马懿夺取了要塞街亭。诸葛亮因为用人不当，导致马谡“大意失荆州”。诸葛亮已将兵马调遣在外，而就在此时，司马懿大军逼近西城，军士一时难以回来，城中只有一些老弱兵丁。危机之中，诸葛亮居然独自坐在城头饮酒抚琴，一副悠闲自在的样子。司马懿兵临城下，见城门大开，几个老兵在扫地，却听见诸葛亮琴声镇定不乱，心中起疑，想这其中肯定有诈，不敢贸然进城，自退二十里路观察。当探子探明实情返回时，赵云已率大军归来，司马懿中了诸葛亮的“空城计”。

这个故事说明什么问题？说明诸葛亮作为刘备所部最高位的“职业经理人”，能利用最少资源达到让司马懿退兵的目的。有人会说，司马懿是知道诸葛亮没有兵马的，但他就是要留着诸葛亮，这样才能确保自己对曹营的重要价值。他退兵是为求自保，不是诸葛亮设空城计的功劳。可要我说，诸葛亮也得摆出能满足司马懿退兵理由的“疑兵阵”是不是？否则司马懿用什么理由退兵以求自保呢？诸葛亮作为管理者，处于“企业资源”和作战需求的夹缝中，肩负必须完成任务的责任，就必须对“资源”有所作为。没有作为，就会变成被动的“怨妇”，无论对刘备的“企业”还是对任务目的的达到，都失去了价值。

这就到了第二层问题，什么才叫对“资源”有所作为呢？在说这个问题之前，我们还是先谈谈什么叫资源，我们可以把资源分成两类。

第一类：有形的、越用越少的资源——人、财、物、时间等。

第二类：无形的、越用越多的资源——信息、品牌、经验、人脉、政策、机会等。

我们只有深入到资源之中，才能回答：管理者是怎么充分利用和调动资源的？还是举诸葛亮唱“空城计”这个例子。诸葛亮唱“空城计”有没有资源可用？他确实没有“有形资源”可用，但他有“无形资源”可用。他用的是“信息”“经验”和“品牌”这三个无形资源。诸葛亮利用司马懿易生疑心这个心理“信息”资源，还利用他和司马懿多次交手的“经验”资源，才能够布“疑兵阵”来引司马懿起疑心。但这还不够，诸葛亮还得用自己这个让司马懿一见就怵的“品牌”资源——只有他坐在城头抚琴，才能让疑兵成为疑兵，才能收到他要的效果。

有人还会说，那诸葛亮本来就是三国最厉害的军师，他的能力不是常人所能及的。我的问题是：为什么企业里的管理者常常会对可利用的资源视而不见呢？让我来做以下分析：

1）几乎凡是人类的组织都会感觉资源有限。就连世界上最富有的国家美国，都处在资源不足的情况下，否则美国就不需要欠天文数字的国债了。就更别说企业资源多么受限了。

2）几乎所有创建企业的人，都不是在有了充分资源后才做成事的。创业者都是从无到有、以少换多做大企业的。

成功的人是如何在资源有限的情况下做成事的呢？所有成功的人眼中的资源，都不仅仅局限在有形的、越用越少的资源，他们会放眼于无形的、越用越多的资源。他们都明白一个道理：所谓成功，就是用无形的资源换取有形的资源。所谓用无形换有形，就是充分利用和调动资源的通道。诸葛亮唱“空城计”，他手上的有形资源几乎为零，他用信息、经验和自己的品牌这些无形的资源达到让司马懿退兵的目的。放眼望去，任正非、马云，凡是自己创业的企业大佬，都是从一无所有开始，用无形资源换取有形资源，获得成功的。

可能又有人会说，这些是成功人士的范例、成功老板们的故事，我就是企业的一名普通管理者，我需要掌握这些能力吗？确实，范例是成功人士的，但道理却是相通的。案例可大可小，从古至今，从战争年代到和平年代，但规律是别无二致的：不会利用无形资源，不会开动脑筋在资源调用上有所作为，你在获得企业和员工对你的价值认可上就会打折扣，更谈不上今后在管理者道路的发展中走上高效通途。

这就得到一个结论：抱怨企业资源不足是不起作用的。企业就是资源不足的，所有企业都是资源不足的。

管理者只有提升自己对资源的调动和利用的能力，才能获得自身能力的提升，同时对企业、对员工有价值。

问题是，我们该怎么做呢？

从这个案例来说，首先管理者自己要弄清楚，员工提出的需求是否真的能够起到关键作用。其次如果员工的需求是真实的，就是弄清楚企业是否有资源可以支持。我们在此假设企业暂时没有充足的资源可以批准员工购买软件，管理者可以和上司讨论：团队获得怎样的成果，上司就可以给予购买软件的资源支持。在获得上司确认后，管理者和员工一起讨论如何用其他替代方案，取得一定的工作成果，赢得上司的资源支持。也就是说，管理者可以考虑用不断交换价值的方式，获得所需的资源支持。

这只是针对这个案例而言的建议。事实上，获取资源的方法可以是非常有创意、非常有见地、非常有智慧的。说到底，我们人类不就是从一穷二白发展到今天的发达程度的吗？我们靠的不是任何人对我们的资源支持，我们靠的不就是用智慧获得资源和财富吗？

落实到具体实践中，管理者在对员工提供资源支持上，可以从掌握以下基本步骤开始。

第一步：向员工陈述任务的意义和目标；

第二步：询问员工有没有困难，需要什么样的资源支持；

第三步：确认对业绩达成而言，这是不是最需要解决的资源问题；

第四步：寻找解决这个资源问题的方法，起码给出三个方案；

第五步：如果需要，向上级申请资源支持，给出三个方案供领导选择；

第六步：落实获得资源的具体步骤。

挡住自己出路的从来不是资源，而是我们自己。

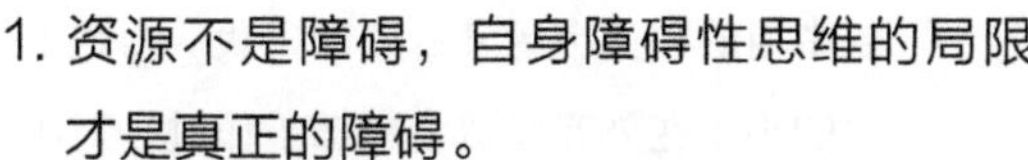
1. 资源不是障碍，自身障碍性思维的局限才是真正的障碍。

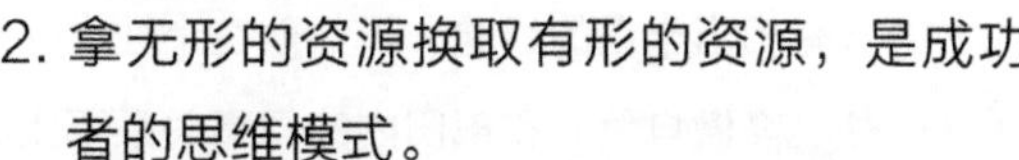
2. 拿无形的资源换取有形的资源，是成功者的思维模式。

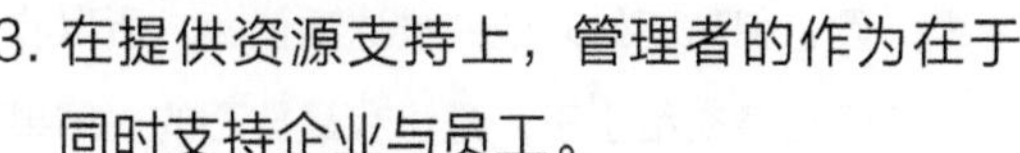
3. 在提供资源支持上，管理者的作为在于同时支持企业与员工。

3 分配工作惹出的风波

“我手下有四位员工。我暂且说是小张、小李、小王、小赵吧。我们团队的工作是做经营分析。有一次，我接到上级的指示，须提交一份在董事会报告中用的期货市场分析报告。我认为在下属中，32岁的小王在外商投资金融部工作过，对国际金融业务有相当丰富的经验，虽然他在个性上存在独来独往、高傲自负，和部门内的同事关系不太融洽的问题，但这不妨碍他完成这项任务。所以我觉得把这项任务交给小王，是让我最放心的。结果也不出我所料，小王把这项任务完成得很不错。

37 岁的小张进入公司服务已经 12 年了。从基层员工干起，凭借经验积累，在财经分析工作上也有不错的表现，调到我部门工作也已经有 8 年时间，人际关系融洽，但他对近期引进公司的国际债券操作与期货分析业务并不熟悉。大学财经系毕业的小李到我部门工作也已经 8 年了，工作也是相当努力；小赵虽然年轻，但学习能力很强，已经有了不错的表现，并且在工作之余仍自费在外进修管理方面的课程。只是他们俩都尚未在这个专业领域积累足够的经验。

过了不久，我听到部门有人议论说我偏袒小王，把向董事会提交报告这么重要的任务交给了小王，使他获得独享上司肯定的机会，而别人议论的部分原因，也是别人觉得小王本人因此更加骄傲自负。”

管理者都会遇到在分配工作中无法“一视同仁”的问题。面对团队多位成员，管理者要思考把任务交给谁，才能确保顺利完成，同时也能让团队成员之间达成默契。

“我在反思，我是不是考虑问题太简单了，今后分配工作任务，我是不是还需要考虑另外两个因素：一是让能力积累尚未完成的人来承担任务，这样可以给他机会提高能力；二是兼顾团队氛围，保护好其他同事的工作积极性。但如果我把任务分配给能力尚未达到要求的人去完成，对完成任务的质量，我没有把握。这个问题很困扰我。”

我把这个案例发送到了微信群，群里那些做管理的朋友开始回答这个问题。

A 观点认为：领导应该兼顾任务完成和下属的培养。如果任务不急，就本着培养下属的意图布置工作。如果任务很急，就让能力强的人干。

有人不同意这种做法，认为：培养员工的意图是好的，只是分配任务不该以任务的轻重缓急作为考虑的基本点。因为，任务的急与不急，与任务的特点和难易程度无关。不急的任务，有时也会是难度大的工作，能力不匹配的员工未必能做好。

B 观点认为：最佳的办法是先征求员工的个人意愿，先看看哪位员工更有积极性接受任务。因为工作积极性是确保任务按时按质完成的前提。这个方法的唯一缺陷是，有意愿的人未必在能力上能确保任务按质完成。所以，如果有意愿接受任务的人能力不足，领导可以通过辅导或通过其他员工的协作来确保任务的完成。

一位颇有经验的管理者对这种做法提出质疑：完成工作任务，需要有积极性，更需要有相匹配的能力。如果让有积极性但缺乏能力的员工申请接受任务，领导也许可以辅导他完成，但这里存在两个问题：第一个问题是，如果团队明明有人有能力完成任务，领导却把任务交给能力不足的人，是否影响完成任务的质量不说，领导这样做，是否也是在耽误自己的时间呢？领导为什么不让有能力完成任务的员工去辅导能力不足的员工，而让自己解放出来呢？第二个问题是，未必领导自己就是最胜任任务的人。管理者领导员工，拼的不是业务能力比员工强，拼的是领导好自己团队的能力。假如自己也对完成某项任务的经验不足，你拿什么业务能力来辅导员工？

假如有能力完成任务的员工没有积极性接受任务呢？

我的建议是：先找出影响他积极性的障碍，然后换个让他有积极性的角度让他接受任务。比如，让他这次在完成任务的时候，同时辅导其他员工，下一次就可以让他解放出来做他更愿意做的工作。同时，辅导他人能力提升，也是对他辅导员工能力提升的锻炼。总之，要用人之长，避免用人之短。

有人提出了自己的顾虑：是不是也需要看看每位员工手上的工作安排是否可能再接受和完成新的任务，同时考虑团队任务在各位员工中的平衡协调，不能让能干的人干得多，不能干的人干得少，这样会影响团队士气。

这是管理者比较容易有的心理：不希望因为自己对能力强的员工的“专宠”而让能力强的员工骄傲自大，搞坏了团队氛围。

我试着从两个层面回答这个问题。首先，企业不是以照顾情绪为主的慈善机构，企业首先需要的是产出业绩。所以，管理者分配任务，不是在搞平均分配大锅饭。管理者需要做的也不是冒着任务质量完成得不好的风险来安抚他人情绪、搞慈善。

其次，如果管理者手下的员工知道自己不努力提升能力，领导也会平均给大家机会，就会在打击能力强的员工提升能力的积极性的同时，使团队产生不努力提升能力也可以得到机会的不良风气。

我在管理我的团队的时候也遇到过有销售问我："为什么把好客户、大订单给了张三，不给我？领导需要公正公平对待员工！"我回答："我的目的就是拿下订单。谁有能力，我就把任务交给谁。机会对人没有公平可言，因为机会都是给有准备的人准备的。"员工会问："凭什么说我就没有别人强呢？"我反问："那为什么你不能证明给我看，让我放心呢？我需要你的证明。"在此，我再强调一遍：管理者和员工不是父母和孩子的关系，管理者和员工是价值互连、利益合作的关系，没有谁非得对谁公平。作为管理者，如果你能够让员工把关注点放在自己的能力提升上，能够让员工非常清楚地知道，只有凭自己的能力才能获得更多机会，你就成功了。

为了任务的高效完成，同时为了让团队成员都明白，获得机会的关键是自己提升能力，管理者需要根据员工能力和任务特点的匹配程度来安排。管理者分配工作的目的是拿到最佳工作结果，不是对公平公正负责任，更不是给大家平均分配大锅饭。

但是，如果团队任务过多地集中在了能力强的员工手里，管理者可以将能力强的员工手里的任务中，其他人更容易接手的部分，协调和安排给其他可以接手和协助的人来分担，尽量让所有员工都匹配到可以发挥自己优势的工作。

至于如何处理能力强的员工骄傲自大的问题或团队的负面情绪，那是第二个层面的问题。但不能因为可能会发生第二个层面的问题，就在分配工作任务的时候违背了分配工作任务的原则。

管理者需要从知识、能力和态度上对员工的优势做盘点分析，以便在分配工作任务的时候将员工的优势与任务的特点做匹配。

在和最匹配任务的员工沟通工作任务的时候，须说明其优势与任务特点。在确认员工正向态度后，用布置任务的步骤进行任务分配。

1. 你在向员工分配工作任务的时候，有什么心理障碍会妨碍你做出正确的管理行动?
2. 坚持将员工的优势与任务特点做匹配，对你的价值是什么?

4 你表扬人吗，会表扬人吗

> “最近我的团队有两位员工超预期地完成了任务，我很想用一些方法激励他们一下。其实我做这件事挺不熟练，但我也尽力了。我特地安排他俩上了总裁办公会，当着公司最高领导的面表扬他俩。结果你猜怎样？有一位员工很高兴、很受激励，但另一位在总裁面前被表扬的员工却感到手足无措。我听到他回来后说，高层管理者的关注点肯定不会在他们做的这点小事上，高层管理者更不会知道他们完成这个项目究竟厉害在哪儿，这种形式化的鼓励不但没有让他觉得自己的成绩真正被认可，反而让他感觉很尴尬……是我表扬和激励员工的方式方法有问题，还是那位员工自己有问题呢？”

做管理就必须学会表扬人吗？有些管理者是专业出身，业务能力强，但不代表他们的情商一定就高。如果非要求每个管理者都既能担当业务，又能罩住人，是不是有些勉为其难呢？

有管理者说：“我觉得是这位被表扬却感觉尴尬的员工自己心理有

问题，不是管理者的问题。哪有那么矫情的，别人表扬你，更何况是企业高层领导为你鼓掌，你还挑三拣四，觉得别人表扬得不到位。”

上述的观点肯定没错。被表扬还挑三拣四，确实有点矫情。但事实上，面对他人对我们表达的方式，我们每个人似乎都很矫情，也很不知足。比如，你需要别人送给你一束花做表达，别人却不声不响递给你一个馒头，你就很不舒服，觉得对方讨好你，却一点浪漫都没有；但有的人正相反，给他一束花，他会觉得你虚头巴脑，不如来点实在的。又比如，有些人在过生日的时候受到他人的祝贺，会感觉到很大的鼓舞和温暖；但有些人偏喜欢用最私人的方式来庆祝生日。说到我自己，一旦被当众吹捧，我就会浑身不自在。有句谚语说：“萝卜青菜，各有所爱。”管理者既然要表扬人，就是想鼓励那个人继续努力，那当然需要考虑用合适的方式来表扬自己需要鼓励的人啦。

也有人认为，想激励人，其实什么都不用说，直接用金钱激励就好。仅仅是口头表扬，会让员工觉得是在“画大饼”。

这我同意，金钱激励是非常重要的。员工到企业来做事，一定是需要挣钱养家的。给予金钱激励一定不会错。但这里还需要同时考虑两个问题。第一个问题很现实：管理者手里有足够的金钱激励的资源供管理者每一次表扬员工都付给金钱吗？再者，如果金钱就可以搞定一切，还要管理者发挥什么作用呢？不如直接用个计算方式按功领赏、按劳付费。

还有一个问题：并不是每个人只要给金钱就都能起到最佳的激励作用。首先我们要理解，金钱的激励作用，与这个人已经获得的金钱成反比。也就是说，一个人已经获得的金钱越多，金钱对他的激励作用越小。你对一个“富二代”试试，很多管理者抱怨这种员工不好管，因为他不怕被开除，也不会因为你给他多少钱而努力。如果他父母给他留足了钱，他的兴奋点很可能不在金钱上，而在别的方面。还有，调研表明，越是从事简单劳动的人，越是能够被金钱激励，比如出租车司机，他们可以用重复性劳动换取更多金钱，这种诱惑可以让司机不顾疲劳过度。但如果研发人员被告知，研发出成果会获得一定数额的金钱，与不被告知与金钱挂钩相比，更不容易出成果。因为从事复杂、创意劳动的人，在金钱激励的诱惑下，会因得不到奖金的焦虑而分心，反而难以完全聚焦在研发上。

作为管理者，我们应该怎么表扬员工，才能起到激励员工的作用呢？很显然，管理者与其独自揣测，不如深入了解员工内心的需求，这样才能使表扬对员工起到正向作用。

这里又有一个问题：万一员工要的激励是我们管理者提供不了的呢？比如，员工需要金钱激励，但管理者没有这个激励的资源，怎么办？

每位员工的激励点不止一个。最好的激励方式是找到员工受激励、企业有资源的那个双方正好都能到位的“甜蜜点”作为激励点。比如，你无法对表现好的员工给予金钱激励，但你发现他加班加点工作了不短的时间，给他放个假，也许对他是个不错的激励；又比如，你太需要他再加班加点了，那你可以根据他的意愿承诺他一个你可以承诺的事情，也是一个不错的激励。

> **表扬员工，一要瞄准员工的心理满足点，二要考量你手里拥有的资源。**

表达你对员工的表扬和鼓励，很可能是管理者又一个不可小觑的弱项。很多管理者其实并不善于表扬员工。很多管理者本来就不善于口头表达。他们从小接受家长的教育时，做错了会被批评，做对了，父母为防止他们骄傲所以就不表扬了。久而久之，他们对他人的表扬也就“子承父业”地变得很不自在、很没有表现力。我在这里描述一下我看到的管理者不善于表扬人的各种情况。

1）表扬太笼统：“干得不错”“很棒”“厉害”等让员工感觉不到很强烈的被鼓舞的感觉；

2）词不达意：“不怕累不怕苦”“加班加点地努力”……就是找不到员工自己认为做得最好的那个点来表扬；

3）没表情：表扬人的时候，不能用视觉和听觉效果，让员工感觉到自己被上司由衷欣赏。

有人会问：为什么人一定需要他人的鼓励和表扬？难道不能有自驱力吗？这就又涉及另一个问题：人究竟需不需要他人的鼓励，尤其是来自上司的表扬和鼓励？结论是：当然需要。被认可，被看见，是人与人连接非常基本的需要。自我认可的人当然有，只是作为管理者，把希望寄托在员工能够自我激励上，是为了什么？为了培养员工的自我激励能力？还是作为管理者，你因为自己缺乏鼓励员工的能力，所以需要为自己缺乏的能力护短？

我觉得这件事得分两头说。善于鼓励和表扬员工的管理者，一定是受员工欢迎的管理者。因为人性中有需要被别人认可的一面。但总是有管理者不善于表扬员工，这也不妨碍管理者继续管理，因为关键不是你会不会。善不善于表扬员工，关键是你深知人人都需要被关注、被鼓舞。你可以告诉员工，你不善于表扬人，这是你的问题，不是员工不值得表扬。有你这句话，就够了，就远比自己不善于表扬人，还非认定是员工没有自驱力要强百倍。

找出员工值得表扬的工作行为和工作结果来表扬。表扬要具体，避免泛泛而谈。

管理者需要了解员工最能感受到激励的方面，同时考虑该员工所需要激励的可行性。如果员工的激励点和激励的可行性无法匹配，询问员工在有限的条件下如何做能让他感到另一种满足。

1. 你有多久没有表扬和鼓励你的员工了？
2. 找一件值得你表扬的事，找一位值得你表扬的员工，按照上述提示去表扬他。
3. 听听员工的反馈：被这样表扬是不是感到被鼓舞？

5 是否会关心员工，是个问题吗

> 我的团队有位员工，本来工作表现很积极，我常常看见他如果没有完成当天的工作就在公司加班。最近他到点就下班走人，神色匆忙。但我发现他并没有耽误工作进度，所以也没有把这件事放在心上。后来我听同事说，最近他父亲住院，他需要下班就赶去医院。之所以没有耽误工作进度，是因为他总是把尚未完成的工作带走，从医院回家后在家里加班补上。团队中有些同事还去医院看望了他的父亲，而我对此却一无所知。了解到这件事后我觉得很愧疚。我只关注他的工作进度，对他个人情况的变化完全没有觉察，也没有对他表达过关心。我是不是情商过低，不适合做管理工作？我对自己这个缺点有些担忧。

关心下属的个人情绪或心情变化，是不是管理者分内的事？有些管理者对人际关系并不敏感，不太容易察觉员工的情绪变化。如果关心员工确实关乎管理者和员工之间的正向互动，那有什么方法可以弥补自己对人际关系不敏感的缺陷？

当我提出来探讨一下关心员工的个人情绪或心情变化是不是管理者

的分内事时，我听到了不同性格管理者的不同观点。

更关注业务的人认为，自己的管理工作是负责团队业绩目标的达成，对人际关系不太敏感确实是个缺陷，但无须对自己的性格求全责备，只要能带领团队成员达成团队业绩，就是尽到了管理责任。再说，对人不够敏感的缺点也不是很容易改变的。

与这种性格相反的管理者说，自己的性格是对人太过于敏感，团队成员情绪上或表现上有任何一点风吹草动，就很容易感受到。这是不是说明，自己的性格比较适合带人呢？

也有人提出建议说，可以在团队营造开放和互动的氛围，这样，无论哪种性格的管理者，都可以比较容易地营造一个关系更加融洽、大家更愿意畅所欲言的团队氛围。

这是一个有趣的话题：是不是对人不够敏感的人就做不好领导？或者反过来，是不是对人敏感的人就能体现出对员工的关心？

把这个话题分为两个内容来谈更容易说明问题。一个人的为人如何，可分为两个方面：性格和人品。一个人品好的人，也就是心存善意、愿意帮助他人的人，也许并不一定是个对人敏感，善于对他人表达自己的关心的人。木讷的善良人，他人是能感受到的。这样的人，即使一时没有关注到别人的情况，没有表现出来关心别人的感受，别人可能也不会对他的行为反感，员工很可能也不会因此丧失工作热情，导致业绩不能交付的后果。但一个人如果只想索取，不愿付出，那么，即使他在性格上对人敏感，口头上会表达对他人的关心，别人也能体会到其中是否有诚意。因此，一个人的为人怎样，关键不在于对人敏感与否，而在于内心是否真正愿意为他人付出。愿意付出、愿意关心他人，是能被他人体会到的，尤其是在每天工作相处的同事关系中，你是怎样的人，很容易被他人感知。

只是，我们讨论的是管理者在团队带人中的问题，至于这个人的人品如何、性格如何，并不是这里要讨论的重点。甚至，管理者会不会关心员工也不是要讨论的问题。我们要讨论的问题是：员工会不会因为管理者对自己的关心而更有工作的热情？答案是肯定的。得到关心、被关爱的人，大概率会给出正向的反馈。正如被人屈辱和打击的人，给出的也一定是逆向的反馈。这是心理学中说的“回力棒”效应。因此，关心员工，一定会给自己的管理工作增添正向的影响力。

也就是说，用关心员工是不是我的管理责任来定义这个问题，无法得到有效的结论。只要走上管理岗位，每个人都一定会感受到和面对这个问题，这才是真相。如果这是真相，那我们可以反过来问：对人际关系过分敏感的人，就一定能让员工正确地感受到被领导关心的诚意，从而提升工作积极性吗？我认为那不一定。对人际关系敏感的人，会因为人际氛围一点小小的风吹草动而内心不安。这样的人会为了让自己内心安定而去处理员工的情绪问题或关系问题。他们处理问题的初衷不是为了关心员工，而是为了让自己心安。这和保持员工的工作热情，没有逻辑上的关联。相反，一个人为了自己心安而做出妥协，很容易让对方感觉到，并将此作为某种下意识的“要挟”。这就像一个孩子，知道妈妈怕自己哭，所以就用号啕大哭来达成自己的目的。一个内心不强大的管理者，要维护自己内心的安定，很难关注到员工的真正感受和需求。

真正有能力关心员工并同时关心工作结果的管理者，会意识到员工的情绪变化，但他们自己的心情不会受到太多影响。在这种稳定的心态下，他们更容易看明白如何出手解决问题，如何让员工感受到关心，感受到温暖，并让员工因为感受到温暖而具有工作积极性。

这就来到了这个问题的结论：当你成了一位管理者，你就一定会面对你的员工的情况和情绪的各种变化。无论你愿意不愿意关注到这种变化，你都会受到这种变化的影响，因为你会自然而然地关注到因员工情况变化而导致的工作结果的变化。因此，无论你是什么性格的管理者，都得面对这样的管理现实：会关心员工，比不会关心员工，要大有益处。

我们不用受限于自己对人际关系是否敏感这类问题。因为一旦被放到管理岗位，你自然就会调整自己，自然就会接受自己需要这样的能力。这就是所谓形势逼人——你不会的，会因为你必须面对，而趋向于去学会。与其说内在带动外在，我更相信外在的要求会促使一个人内心的变化。

关心员工，不需要过多天赋就能做到，当走上管理岗位，你需要被激发出关心员工的行为。

对于如何养成留意员工情绪和行为变化的习惯，在此提出以下建议：

1. 每周都给自己安排与员工聊天或聚会的时间。
2. 可以用询问的方式直接对表现异常的员工表达关心。
3. 没有表达，就没有关心。因此要用自己的行为和语言表达对员工的关心。
4. 在团队营造互相关心的氛围。
5. 当员工遇到困难，发动团队成员集思广益想办法帮助。

6 帮助员工发展能力

> “有一位员工的专业能力在团队较为靠前。他加入团队后很快上手并完成了一项重要业务开发工作。但半年以后我发现他开展业务不那么积极了。我找他聊了聊，他说他觉得自己对这个业务已经掌握得很好了，继续做这件事情没有太大的挑战性，希望能做新的业务。我是需要激励他做好手头工作呢，还是鼓励他进一步发展能力呢？”

管理者都知道帮助员工发展能力是一项重要的工作。但在怎样的契机下，以什么为依据来帮助员工发展能力，以及用什么样的方法达到目的，却不是每位管理者都熟悉的。

一位管理者问：“如果现在立即让这位员工如愿以偿，是不是帮助他发展能力的最佳机会？在员工对手头工作积极性下降的情况下，满足他的心愿，去发展他的新能力，这是否在鼓励员工可以根据自己的心情，降低对现有工作的要求？”

在我看来，这位员工对手头工作的态度，其实不是真正的问题。真正的问题是：管理者自己需要这位员工加强对手头工作的责任心吗？如果需要，你不妨用开发其他能力作为条件，同时提出需要他加强对手头工作重视的要求。也就是说，你可以同意他发展新的能力，但你也需要他顾及手头的工作。你可以鼓励他拿出一个能够两全其美的方法来。

但是否能够拿出两全其美的方法，也不是关键。关键是：作为管理者，你需要做到两点：一是非常清楚你对团队工作统筹协调的需求，并坚持让这位员工帮助你实现这一点。这样做，也是帮助这位员工在关注自己个人能力发展的同时，对团队整体工作效益也能有担当。二是你也可以借员工内心渴望挑战的动力，帮助他进一步提升能力。

另一位管理者问：那是不是说，管理者可以借员工内心的需求来帮助他们克服短板，发挥优势，并使用自己手里可以使用的资源来促成每位员工能力的成长？

有人补充说：在帮助员工发展上，管理者首先需要帮助员工制定发展目标。确保员工都能在自己目前的工作岗位上有长足的进步。

我提出一个问题："管理者帮助员工制定发展目标，发挥员工优势的目的是什么呢？"

帮助员工发展能力没有问题，如果同时结合自己部门工作的需要，让帮助员工发展和部门业绩相结合，这就是一件既对员工本人成长、也对管理者管理目标的达成都有好处的事。如果管理者能够抓住团队工作的重点，把有发展意愿且有能力优势的员工提到优先考虑其能力发展的层面，并能够集中资源优势，来促进员工和团队目标的共赢，才是最佳做法。

在帮助员工发展能力上，有以下几个要素需要协调统筹：

其一，员工内心的意愿。一个人即使有天赋，但自己内心没有成长意愿，对管理者来说，就不是鼓励他成长的好机会。管理者需要了解他内心的障碍在哪里，寻找是否可以激发他克服内心障碍，促使他产生发展自身能力的意愿的方法。

其二，员工的天赋和他的内心发展动力相吻合。我曾经见过几位对发展某方面能力特别有意愿，但其实并不一定具备这方面天赋而自己却不自知的员工。我的做法就是：在不影响团队业务的情况下，给他机会让他尝试，让他自己发现自己是否合适这类工作。通常，他们会自己发现自己的瓶颈，其结果，不是心甘情愿转换做其他工作，就是调离了这个部门。

其三，团队工作需求。员工的天赋和意愿如果正好能和团队工作需求相吻合，这就是管理者帮助员工发展能力的最佳契机。

员工意愿、员工天赋和团队需要，是帮助员工发展能力需要考虑的三个要素。

在天赋、意愿和机会这三个条件都具备的情况下，帮助员工发展能力，可以按照以下步骤实施：

1. 向员工确认其优势。
2. 用询问的方式了解员工自己希望发展的方向。
3. 和员工一起识别发展方向上所需要的能力。
4. 针对员工希望的发展方向来评估他在能力上需要提升的方面。
5. 和员工一起制定发展或提升能力的计划并提供支持。
6. 启动具体的行动计划并得到员工的承诺。

7 怎么才叫重视员工意见

> 半年以前，我在部门开始举办每月一次的业务研讨会。在研讨会上，员工可以畅所欲言，提出自己对改进工作的各种想法。我觉得这是改进工作，同时调动员工积极性的好方法。但最近我发现员工参与研讨会的积极性下降了。尤其是有位之前每次都积极发言的员工，近期的研讨会借故没来参加。我知道这可能和我没有采纳他的建议有关。但问题是，他提出的建议，并不是我部门近期工作的重点。同时我也发现，并不是所有员工的建议都是管理者能够采纳的。员工只是用嘴说说，而我实施起来要权衡各种情况，也需要时间来处理。我不知道我召开每月一次的业务研讨会这个方法究竟是对的还是错的，我该怎么做才能用正确的方法来维护好的初衷？

重视员工提出来的意见和建议，一定会给员工的工作积极性带来正向的影响。但很多情况下，员工的意见未必中肯，员工的建议未必可行。如果管理者采取重视员工的意见或建议的态度，但最终却因为各种原因不能够真正采纳，其结果不是比不采取重视员工意见的态度更被动吗？

对于这个问题，有的管理者认为：员工提的建议和意见，有的是合理的，有的并不完全合理。甚至有的员工只是发发牢骚。所以，征求员工意见时需要十分谨慎。因为当员工响应管理者要求，提出了意见，管理者因为种种原因而无法响应，所以不给反馈或反馈不是正向的，员工反而感觉不好。

有人则认为不重视员工意见的态度是因噎废食。本来鼓励员工对工作提出建议，既有利于提升员工的工作积极性，又有利于工作的改善，是两全其美的事情。管理者只需要改进自己的方法，妥善处理好员工建议，这件事是可以做好的。比如，对员工的建议，管理者做得到的、能改善的，就尽量去改善。管理者暂时做不到的，可以及时告诉员工原因。这样能在确保员工的有效意见和建议被采纳的同时，也让员工清楚知道不被采纳的建议为什么不被采纳，以保护员工提意见和建议的积极性。

不知道是因为在领导力培训课上，大家有必要表达正确的态度，还是大家诚心诚意的想法，总之很多人都表达了这样的意见：员工的建议对促进管理者更高效做管理有重要价值。因此，经常性地要求员工对团队工作提出建议和意见，并及时给予反馈，能够增加员工的工作积极性，也能促进团队工作效率的提升。

“不让员工提意见，或者对员工的建议置之不理，肯定对工作结果和员工积极性都不利。但怎么做才算是重视员工的意见和建议？是不是在这个过程中，员工只扮演提出意见和建议的那一方，管理者则扮演接纳建议、改进工作，有则改之无则加勉的那一方，才算是重视员工意见和建议？大家不觉得这有点奇怪吗？难道部门的工作不是大家一起做的，要改进不是大家一起参与改进吗？”我问得很犀利。

员工做具体工作，很可能会比管理者更能够从具体工作的角度提出好的想法和建议，对改进团队的整体工作效益很有好处。同时，自己的意见和建议被管理者接纳，就是一种肯定，会带来正向的能量。但是，如果管理者对员工的培养和重视，只停留在这个层次，那就等于把员工培养成给别人提建议，而自己可以置身事外的“高手”。

而事实上，要让员工感觉自己的意见被重视的最高境界，就是他提出的建议，不但被采纳了，而且通过他自己的参与和努力被实现了。我提出来，把给提意见的做法分成以下几类：

第一类：说是提意见，其实是指责他人和发牢骚。

第二类：只提出改进工作的要求，不提具体的改进方法。

第三类：提出改进要求和方法，但这是别人需要做的事情，不是自己的事情。

第四类：提出改进要求和方法，并自己参与到改进之中。

第五类：不仅提出建议，参与改进，还交付好的改进成果。

没人会喜欢第一类人，甚至也不喜欢第二、第三类人。但如果一个团队里有很多前三类人，这是谁的责任？很可能就是那个“愿意重视员工意见”的管理者的责任。这个责任就是：管理者在把自己变成员工建议的被动接纳者的同时，还带坏了团队风气，把团队变成了光说不练的队伍。

一个管理者怎么证明自己带队伍高效？就是自己带的“兵”都明白什么叫提出了真正有效的建议，那就是发现问题并获取上司支持，然后解决问题。这样提出建议，对团队才是真正有效的建议。这样提建议的人，才是能够得到上司重视、得到大家尊敬的人。能带出这样的员工来，才是管理者在帮助员工真正获得尊重，帮助团队业绩得到真正改善，才叫管理者真正尽责。

要做到这一点，管理者举办月会让大家提建议，固然是个好方法，但这是远远不够的。对于管理者来说，有两个方面的因素需要自己看到，同时让员工也都能看到：一是近期工作重点和长期发展方向。让大家看到，以便让大家的建议和努力都瞄准正确的方向，而不让大家的意见和努力付之东流。二是要刻意培养员工成为不仅提出建议，而且能够参与改进、交付好的结果的人。

怎么做到这一点？可以分成对员工个人层面和对团队层面。对员工个人，如果他向你抱怨或指责，你千万不要觉得那是提建议，更不要立即着手去处理他提出来的问题。你需要问他：你说这些，是想达到哪些改进？如果他提出改进要求，你需要追问改进方法。如果他提出改进方法，你需要追问他在其中做哪些努力。如果他参与其中做出努力，你向他要结果。如果他能交付好的结果，你在大会小会上表扬他的建议、他的努力、他取得的结果。

作为管理者，你完全可以敞开来聆听员工的任何建议，但不要忘记和员工探讨这个建议对于近期或长期目标的意义和价值。同时，如果建议是合理的，管理者永远不要停留在说说而已的层面，要员工自己不断去投入改进，直至获得结果。只有让员工进入推进改善的阶段，才能让员工明白自己的建议的有效性和可行性。而这，不是你给员工的反馈，这是他们自己给自己的反馈。

让员工用自己的行动将自己的建议转化为成果，进而得到真正的尊重和成长。

在团队层面听取员工的建议，可以以会议的方式引导员工发现问题和考虑问题，并采取以下步骤：

第一步：确认团队目前最需要解决的关键问题。
第二步：查明造成问题的主要原因。
第三步：用群策群力的方法讨论解决方案。
第四步：从资源和时间的可行性等角度来确认可行的解决方案。
第五步：制订共同参与解决问题的行动计划。

8 价值感缺失，怎么找回来

> 我部门的主要任务是向其他部门提供 IT 技术支持和服务。但经常遇到的问题是，其他部门的人向我们提出一个要求，员工埋头苦干好几个月开发完成后，能够顺利交付使用的情况不多。要么被其他部门告知不符合他们的需求，要么被其他部门挑三拣四不断提出苛刻要求，甚至还有部门自己对需求定位不清晰，在项目交付的时候彻底推翻我部门员工的工作。我部门员工的积极性能不受打击吗？这不是我关起门来忽悠一下就能治愈的。我怎么做才能让我部门的员工正确面对“屡战屡败”并保持工作积极性？

员工的工作积极性下降，是管理者经常面对的问题。在如何提升员工积极性上，管理者都希望能获得一个一劳永逸的“药方”。世界上究竟有没有这种药方呢？

有人认为，这个案例提出来的问题，并不是员工积极性下降的问题，而是员工没有和提出需求的部门对接好需求。如果员工能够在开始开发之前就确认好其他部门的需求，后面工作起来就会感觉有价值，工作积极性自然也就提高了。

以上说的是对的。当员工没有认识到自己辛苦努力完成的工作的价值，工作积极性肯定会受挫。那么，管理者在这当中该起到怎样的作用呢？

有人说，要让员工获得工作价值感，管理者要做的就是教会员工怎么和被服务部门确认需求，同时也要让员工知道，他们做的工作对其他部门和对公司的意义所在。这是让员工在每天重复的工作中找到意义，自我激励的做法。

这个观点也是没错的，只是，对于效果和可操作性来说，这里还会有几个问题需要研究。

其一，其他部门不一定能够说清楚需求，或者其他部门的需求也在不断改变。IT 部门与其他部门的配合，或许很难从一开始就能清晰界定需求，从而让员工的开发工作最终没能获得价值。我自己就遇到过这样的问题。我在向客户提供培训方案时，也需要对客户的需求做咨询和了解。但我发现在很多时候客户提出来的所谓需求，其实并不是需求，而只是客户以为可以解决问题的“药方”。但在我看来，客户误把药方当需求，让我按图索骥去抓的那服药，很可能不能满足其需求。

其二，对员工来说，什么是自己工作的价值？公司的需求、其他部门的需求，是否就一定能让他感觉到价值？事实情况是，有的时候，公司的需求、其他部门的需求和员工的个人追求可以正好碰到一起。但很多时候却不一定，也就是说，并不是向员工说清楚对公司或其他部门的价值，就能自动产生员工认同的价值。更何况其他部门很可能也说不清自己的真正需求。

其三，当一个人陷入工作细节中，尤其是后端部门的员工，由于惯性使然，很容易失去方向。以我自己遇到的情况为例：有一年我公司在年会上明确提出下一年的业务方向向项目转向。我们几个合伙人不仅是提出和认同这个转向的人，也是执行这个转向的人。但我发现，到下个年度时间过半的时候，只有我自己在执行这个转向，其他合伙人一个都没有跟上来。是他们不了解转向的商业价值吗？还是认为转向会损害他们的利益？显然都不是。我们之所以做出转向决定，就是因为大家都知道这样的转向会提高我们的收入和利润。那为什么其他人没有跟上来呢？因为惯性使然，习惯了旧的做事方式，得心应手了，一旦回到了日常的烦琐业务中，就无法将认知和行动保持一致。

如果管理者能解决上述问题，那一定是管理者用价值引导人心解决上述问题的。那我们不妨一个一个问题来看。

首先，在确认价值上就有三个层面的问题：工作对其他部门的价值、工作对我部门的价值、工作对员工个人的价值。针对这一类案例我的建议是：先要明确一项工作对其他部门的价值。因为对服务性部门而言，自己的服务对其他部门没有价值，就谈不上对自己部门和对员工个人的价值。我曾经带领一个超大型企业的 IT 业务部门做了一个需求诊断表，这个诊断表最主要的功能是能够非常清楚地界定什么是对方的需求，也就是：其他部门遇到了什么样的问题？需要我部门解决问题后达到怎样的效果？评估需求满足的标准是什么？这不是其他部门自己解决方案的描述，这是对问题、需求、评估标准、解决方案的诊断和确认过程。只有当 IT 部门和其他部门的相关人员对这个问题讨论和阐述到非常清晰的地步，清晰到 IT 部门人员可以拿出解决方案，并获得确认、联名签字确认后，才算真正界定清楚了可操作的价值实现的路线。其他部门的需求被满足，就等于我部门的价值被实现。而清晰地亲历和参与讨论确认需求，对员工来说，就是非常大的鼓舞。清晰让人振奋，参与让人获得拥有感。

这还不够，在实现价值的路线上，尤其是在需要一段较长时间才能完成价值实现的工作中，管理者还必须面对和处理员工的旧的做事方式。员工处于执行层。在员工一头陷入工作细节，忙碌到不知道工作方向的时候，管理者有必要不断重申工作价值，提醒员工工作方向。在员工失去方向时须提醒其工作价值。

做到以上内容还不够，管理者还需要在员工的工作获得一定价值的时候，制造他人认可的机会，或把他人的认可不断反馈给员工，用这种方法引导员工向着有价值、能自我鼓舞的方向努力。

团队价值感，始于准确诊断和确认，固于不断提醒行动方向，终于给予反馈与认可。

回答一开始的问题：在激发员工积极性上，确实没有一劳永逸的方法。但管理者用价值引导员工时能够抓住我们在上述内容中讨论到的关键点，会对管理工作大有益处。我把上述做法做了总结：

1. 让员工参与目标制定。
2. 布置任务时多探讨为什么。
3. 在员工陷入工作细节而失去方向时提醒他工作的价值方向。
4. 及时向员工反馈工作成果，转达他人对员工的表扬和认可。

9 要打造高标准交付团队，就请绑架你自己

“我部门有一位非常优秀的员工，他对任何交付给他的工作任务，几乎都能按时、如数高标准地交付。为了达到他认定的交付标准，他常常加班加点地工作。他交付的工作结果常常能超出我的预期。我希望我团队的员工对自己的工作都有这样的自我要求。如果我在我部门树立他为典型，是不是有利于让团队的其他成员看到榜样的力量？”

以结果交付来衡量管理效果和评价一个管理者是否够优秀，有三个标准：其一，是否如数交付工作结果；其二，是否按时交付结果；其三，交付的质量是否达标。团队中有优秀员工能达到高质量标准不算难，但管理者带动整个团队重视并达到这样的高质量交付，不是一个容易的工作。

有不少管理者认为可以借这位员工的工作态度和高质量工作结果，来引导团队讨论如何在尽可能不加长工作时间的前提下，能够保障工作结果达到完美。毕竟我们提倡的是高质量的工作交付，不是学习他加班。如果要求其他人学习他加班工作，很有可能失去了号召他人向他学习高质量交付的目的。

也有管理者认为，应该鼓励和当众表扬牺牲休息时间来达到高质量交付工作结果的行为。这样才能让这位坚持交付高质量工作结果的员工得到激励。管理者可以不提倡牺牲个人休息时间来加班，但有人愿意这样做，为什么不能给予肯定和表扬呢。

眼看讨论转向了对是否要鼓励加班也要达成高质量交付的方向，我得把大家拽回到我们讨论的话题：如何打造高质量交付工作的团队。是否愿意为高质量交付工作而加班，是另外一个话题。也就是说，加班只是一个方法，但并不是只要加班就能达到高质量交付工作的目的，也不是不加班就无法达到高质量交付工作的结果。我们在这里讨论的是：如果要打造一个高质量交付工作结果的团队，管理者应该采取哪些方法？

管理者固然是可以用在团队树立高质量交付工作的榜样来带动其他人。但我觉得，首先需要对团队强调的是：什么才是高标准，让大家看得见、感受得到高质量交付的尺度，并让大家以高质量交付为荣。一个为自己能够高质量交付工作结果为荣的团队，是一个充满了自豪感和光荣感的团队。

但问题又来了，怎样的工作结果才是达到了高标准，是谁在衡量？当然是管理者。所以，如果管理者本人不是一个能高质量交付结果的榜样，仅仅靠树立一个员工为榜样，就能够打造高质量交付工作的团队作风吗？答案是：管理者本人不能服众，效果一定会大打折扣。为什么？因为管理者和团队成员之间的关系，是交代工作任务和交付工作结果之间的关系。因此符合逻辑的是：管理者的标准，就是团队成员交付工作结果的标准。如果管理者自己是个得过且过的人，那管理者对员工的要求就一定会缩水。那么，即使他的团队中有高质量交付结果的员工存在，在管理者缩水的要求下，这位员工的交付结果总是能大大超越预期，而其他员工也并没有因为不能达到高标准而被管理者另当别论。久而久之，少数人的高标准就会被同化为管理者本人的标准。结果就是，要么坚持高质量交付工作的员工会降低对自己的工作要求（因为没有必要），要么这个人就会离开这个得过且过的团队。

想打造高质量交付的团队，管理者须以身作则建立高标准。

结论很简单：只有管理者以身作则坚持高质量工作，并以此为团队工作交付的标准，在这个前提下，管理者用树立高质量交付工作的员工为榜样，来说明他是你的"同盟"，借这样的员工来引导团队认识到，达成目标，才是优秀的标准。管理者只有自己内心有这样的高标准，并以身作则地实施这样的高标准，管理者才能激发高质量交付工作的员工内心的自豪感，而且对团队强调了自己内心对工作结果交付的高标准。

我们可以看到，苹果公司如若不是乔布斯对产品有着极客式的高标准，苹果公司就不可能诞生苹果手机这样优秀的产品。苹果公司的产品标准，就是乔布斯本人的标准。在这点上我自己也深有体会，我也是一个在交付结果上只接受一流，不接受二流的人。正因为如此，我们才能在绝大部分培训公司都在代理西方版权课程，而且向客户推销讲课标准不达标的讲师的情况下，放弃走代理产品和销售自由讲师的路线，坚持做自己的版权课程，并且做到无论从原理上、案例视频化上和沙盘模拟设计上都达到高质量标准，做到客户心目中精品版权课程的标准。员工到企业来做事必须按照管理者的要求来交付结果，因此只有管理者不依不饶地追求高标准，才能带动员工不断逼近更高的工作交付标准。管理者可以采取以下方法来打造高标准交付结果的团队：

1. 以身作则：管理者自身是个高质量工作追求者，至关重要。管理者就是工作质量的起源。追求高质量工作的管理者才能打造追求高质量工作的团队。
2. 招募同伴：在招聘和选择员工的时候，注重具备追求高质量工作特质的候选人。
3. 达成共识：对每个项目的完成建立验收标准，并培养员工按照验收标准完成工作的工作习惯。
4. 营造氛围：激励高质量完成任务的员工，不断打造高质量工作交付的团队精神。

10 你会营造团队氛围吗

> 临近春节，我想出了一个办法来营造团队氛围。我想在春节放假前的下午做个室内团队建设活动。公司规定当天需要上班，但其实，只是上午上班，下午大家基本结束了年前的工作。具体做法是：组织大家玩扑克牌，把员工分成几组，把彼此不那么熟悉的员工编在一个组。我不但想好了方法，而且买了奖品。结果那天上午就有一个员工来请假，说自己不会打牌，家里确实有点事，可不可以请假先走。我觉得一个人请假无碍大局，所以就同意了。谁知他请假成功后，就有第二个员工、第三个员工向我请假……结果就是，我精心设计的室内团建活动搞得七零八落。我觉得如果我一开始不同意请假，就不会有这个局面了。

营造良好的团队氛围，对促成团队成员之间的良好合作会产生很好的影响。管理者通常会用团建和聚餐的方法来融洽团队关系、凝聚团队人心。营造团队氛围只有这两种方法吗？当这两种方法并不奏效时，管理者还能想出其他方式来营造团队氛围吗？

有管理者用自己亲历的经验支招说：组织团队活动，增进团队成员之间的互相了解和支持是对的，但需要在活动之前为团队成员做好角色安排。每个团队成员都得有自己需要承担的任务，而不仅仅只是参与活动。这样就没有人能够以不会打牌为理由不参加活动了。

也有管理者对此不以为然，认为管理者营造团队氛围，首先需要在团队建立威信。在创造沟通氛围的同时，先形成言必行、行必果的团队文化。这样才能形成团队有核心领导、有沟通合作、有结果导向的正向氛围。在这个案例中，管理者的失败在于放弃了自己作为领导者的角色。

我提醒到：我们在这个案例中需要讨论的是如何营造团队氛围，而不是上传下达地指挥工作。在这种情况下，管理者用自己的威信做背书，对营造正向氛围能起到正向作用吗？试想，你本来是希望大家自觉自愿，希望大家能够放松身心，希望大家在没有工作压力和精神负担的情况下尽可能地做自己，让团队成员更加了解彼此，从而达到互相真诚合作的目的。一旦营造氛围也得靠领导威慑，把每个人都套入规定好的角色里发挥作用，是不是会让活动的安排不能针对最初的目的发挥作用呢？我想起了我在微软研究院给研究员们讲课的时候，学员们不拘一格地提出自己的观点，挑战我的观点，也坦然接受我的挑战，课堂上时不时迸发出开心的笑声。我看见微软研究院的回廊墙壁上有不少可以拿起笔就能在上面写写画画的玻璃板，四处放着可以随时坐下来讨论和聊天的凳子。微软研究院的人解释说，这是他们刻意营造的氛围。因为微软需要鼓励创意，好的团队氛围，不但带给人好的感觉，最重要的是，宽松的氛围鼓励创意。创意，正是他们的生产力。

这场讨论，就这样超出了怎么组织团建的话题。其实团建也好，聚餐也好，都只是方法。有些团建并不能带来正向氛围，不是团建本身有问题，而是管理者在团建中扮演的还是管理者的角色，不能灵活地跳出来成为普通成员，才容易导致这类的团建活动背离了初衷。

我们不妨推演一下，团队的正向氛围是由什么因素构成的：轻松、愉快、真诚、和谐，这样的氛围无法靠指挥人员用指挥的动作来达成。如果管理者让团队的其他成员来组织和主持团队活动，管理者自己扮演辅导者、参与者，甚至不妨做点不守规矩的事，让其他成员来纠正自己，这样，用“不在其位”的方法暗中发挥指引团队方向和引导团队文化的作用，会比处于领导者的位置更有利于团队氛围的营造。

打造正向团队氛围，管理者不妨做一个幕后操盘者 + 台前参与者。

在这里，我们说的不是在团队工作中放弃管理的责任，我们说的是：在营造团队氛围的活动中，走下领导的位置，做个角色灵活多变的正向氛围的促成者，效果会更好。我建议管理者在营造团队氛围的时候，可以考虑以下方法：

1. 可以利用各种团队活动加强沟通，增进了解。
2. 可以利用特殊事件分享感受、增加信任、加深情感。
3. 共同庆祝阶段性成果，能让大家增加团队荣誉感。
4. 可以在团队活动中让团队成员共创行为准则，并重复这些准则，形成习惯。

11 辅导员工是个要劲的活

> 我部门有位员工，加入进来不到半年。工作非常努力，效果却不是最佳的。最近，他负责的项目没有能够如期完成。我很想找他谈谈。但他工作很努力，如果我指出他的问题，会不会打击他的工作积极性？项目是必须要推进的，我需要找他谈，指出项目进度跟不上的问题，但我不知道怎么谈才能避免打击他的积极性。

对领导来说，没有一件事比面对面地辅导下属更要劲的了。一个管理者如果缺乏战略思考，可以请这方面的专家来帮助自己出谋划策，靠业务和运营高手来取得成功。但要让自己能够辅导下属，通过下属来准确无误地达成业绩，这活是别人无法代劳的，只有凭借领导自己的能力。然而，太多管理者把战略大旗擎破天，把雄心壮志喊得震天响，把业绩指标当警棍，却不懂得俯下身来辅导下属成长。

管理者们最普遍的想法是：员工工作出现问题，管理者就应该马上跟进情况，了解问题的原因，帮助员工解决问题，促进工作目标的达成。这样既做到了推进工作，也不至于让员工看不到改进的结果，同时也保护了员工的积极性。持这种观点的管理者还认为，管理者应该首先鼓励员工做得好的方面，然后指出不足，提出要求。如果员工完成任务有外部障碍，管理者应该出面帮助协调解决。

也有管理者不苟同这种做法，认为一遇到员工工作出现问题，管理者马上跟进情况，帮助员工解决问题，确实能促进工作目标的达成，但忽略了员工能力的成长，把自己变成了给员工解决烂摊子、为员工救火的超级业务人员。所以，管理者首先需要知道员工工作出现的问题是因为员工哪方面的能力短板造成的。其次帮助员工克服能力短板，这样才能帮助员工达成工作目标。

辅导员工改进工作，是每个管理者绕不过去的一项基本功，也是很多管理者最不擅长的工作。业务能力越强的管理者，在帮助员工改进工作上越显得弱势。因为自己业务能力太强的人很容易倾向于马上亲自解决问题。这确实是最快也是最佳解决问题的途径。他们认为，让员工在一边看自己解决问题，本身就是对员工的一种训练。管理者在帮助员工解决问题的时候，其实起到的是示范作用。

我发现，这样的管理者真正关注的是解决问题本身，并不是帮助员工成长。在很多情况下，帮助员工成长是需要时间的，由于任务重、时间紧，管理者等不及员工慢慢成长，再推进工作。这是非常现实的问题。管理者需要用“我示范给员工看如何解决问题，就是对员工能力上的辅导”来安慰自己。事实上，看京剧表演 100 次的人不一定学会唱京剧，看话剧演员 100 次表演，未必就能学会话剧表演，这是大概率上的事实。管理者的自我安慰，仅仅只是自我安慰罢了。如果管理者总是发现问题就直接解决问题，忽略了提升员工能力，忽略了通过员工能力提升来改进工作，就会把自己搞得越来越疲惫，同时也把员工变成了遇到问题就找领导解决的弱者。

那是不是管理者每当遇到员工有问题，都不能直接上去，自己解决问题？当然不是。在任务非常紧迫且员工的能力无法企及的情况下，作为业务骨干的管理者当然需要亲自披挂上阵，这没有什么不可以的。但我想说明的是：管理者在面对业务问题解决和员工辅导的时候，需要十分清楚，自己这是在解决业务问题，还是在帮助员工成长，然后锁定自己的既定目的 ——可以是前者，也可以是后者，但最好不要给自己模棱两可的借口。以帮助员工解决问题为导向，还是以辅导员工能力成长为导向，会产生很大的区别吗？难道管理者不能做到一石二鸟吗？我认为很难。一个业务能力强的管理者，在很大概率上做不到一石二鸟—— 既解决了业务问题，又能确信下一次员工能自己解决问题。而业务达标和员工的成长，是衡量管理者能力的双重标准。所以，根据实际情况区分清楚自己在这一次的问题解决中，瞄准的究竟是业务本身，还是员工能力的提升，会指导自己采取不一样的行动。

当然，我们在这里讨论的是，如果管理者的决定是辅导员工成长，那究竟怎样行动，才能把帮助员工能力成长这件事做得专业而高效呢？这里牵涉到三个要素：需要解决的业务问题、需要成长的员工能力、需要保持的员工积极性。

未受过专业训练的管理者在面对员工实施辅导的时候，最容易落入的陷阱就是：要么只强调自己的要求，忽略了员工感受，所以没有被员工顺利接受；要么就是只照顾员工情绪而放弃了工作要求，让自己白白耽误了任务的完成。更糟糕的情况是，管理者在给员工做完辅导后，自己并不知道辅导效果如何，员工是否真正接受了自己的辅导。太多的管理者把员工点头和没有发生当面争执，当作是有效的辅导面谈。但是真实的情况是，大多数情况下，这类的辅导，不是效果不佳，就是基本无效。

我的建议是：管理者辅导员工之前需要问自己三个问题：

1）你希望员工达到什么样的工作目标？

2）员工凭什么接受你的要求？

3）你希望通过这次谈话提升他的什么能力？

如果领导者设定的目标能同时踩在这三个要点上，并在一开始谈话的时候，就能和员工一起清晰地做此定位，这样的辅导和帮助就已经成功一半了。

当然，好的开始是成功的一半。如果一开场就不成功，接下来的谈话就算基本失败。但即使有一个好开端，接下来的面谈如果不得法，还是会导致面谈辅导不是无疾而终，就是一拍两散。比如，当你告诉员工能力瓶颈在哪里时，对方却认为这不是他的问题，而是客观障碍；比如，当你的观点和员工的立场不能相互认同而产生对峙时，员工不会接受你的立场；比如，当你的要求和员工的心理需求不能互相吻合，不能被他接受时你该怎么处理？

可能很多人学过员工辅导的 GROW 步骤：

第一步：和员工共同建立目标（goal）；

第二步：和员工一起探究难点和原因（reality）；

第三步：和员工一起探讨改进的方法（options）；

第四步：和员工共同制订改进的行动计划（wrap-up）。

这个步骤，提供给管理者一步一步达成辅导目的的操作方法。我在此需要提醒的是：辅导时最关键的是员工的接受度，而不是管理者自己走完这个过程。也就是说，在多大程度上员工自己意识到了真正的问题所在，在多大程度上员工愿意担当改进和成长的责任，才是辅导中最重要的要素。辅导的目的，在于促成员工的自我觉察（self-aware）和自我负责（self-responsible）。

在辅导中，管理者需要把自己当成导游，引导员工自我探索、自我觉察，并激发员工自我负责。

管理者需要关注到以下几点：一是在开场时如何把握自己的方向、保持员工的良好心态，同时避免落入陷阱；二是探讨问题时如何避免对峙，把握事实；三是商谈改进的时候如何满足员工的需求，达到管理的目的。要达到以上目的，管理者可以让自己抽离出那个要解决的问题，把自己变成一个“导游”，拉着员工的手，引导他自己去探索，自己去得出结论，自己探索改进的好办法。以下是实施 GROW 辅导步骤时需要关注的地方：

1. 开场肯定和鼓励员工做得好的方面，让员工保持交谈的意愿。
2. 探讨问题时用提问的方式了解产生问题的原因，避免自己下结论，员工不以为然。
3. 和员工共同探讨改进的方法，促使员工自己拿出方案。
4. 提出对员工改进方案的支持，并要求员工承诺改进的结果，避免空谈一场。
5. 和员工共同制订改进的行动计划，确保改进的方案能够被执行到底。

12 走出鼓励学习的误区

> 学习虽然重要，但它毕竟不是企业最重要的任务。管理者鼓励学习，可以发动学习能力强的人组织学习，也可以提倡互助。互助也是学习的过程。
>
> 鼓励员工更上一层楼，可以委托对学习有兴趣的员工来带领，形式上也可以多种多样。创造学习氛围，将自己的团队变成学习型组织。
>
> 团队获得骄人业绩时正是管理者提倡更上一层楼的最佳时机。管理者应该在庆功会后结合目前的工作提出未来需要解决的问题和更大的考验。组织员工分工合作，寻找学习内容来共享。

很多管理者为了鼓励员工学习进步，会给员工买书、组织读书讨论会。也有不少管理者自己就是热爱学习的人，因此提倡创立学习型组织。但提及把所学知识运用到工作中，解决工作中的问题，这样的学习组织却少之又少。究竟什么样的组织才算是学习型组织？怎样做才能让读书和提升工作品质相结合？

不少企业都在提倡创造学习型组织，这是好事。只是，创造学习型组织是手段，不是目的本身。企业的目的是通过持续学习来持续改进工作。团队有没有真正的学习能力，和管理者对学习结合实际工作的重视程度相关。假如管理者只是口头认为学习重要，或者学习只是自己的兴趣，所以也敦促员工加入学习者的行列，其实对团队工作改善，并没过多关注，也没有太大的影响，这样的组织，至少不是名副其实的学习型组织。因为企业毕竟不是学校。企业提倡"学习型组织"，一定是以企业目的为导向 。假如学习对于企业只是一个兴趣爱好，就像热衷于跑马拉松的管理者，也会号召员工去跑步，甚至我看到在这样的团队中，真有不少员工参加了全马或半马。但我们不会因此而称呼这个组织就是跑马拉松组织。

我自己就是个对学习很有兴趣的人。我的职业是培训，作为培训师，学习是我开发产品和教书育人最重要的方法。也就是说，我可以把所学知识转化成生产力，这也是培训这个行业的形势所迫。但我发现，即使我自己热爱学习，也不一定能带动团队其他成员一起投入学习。我是说，很少人能受我影响，有事没事就自己去看书学习。提倡学习，在我自己的公司，就是个挺让我感到逆水行舟的事。说实话，我也没那个兴趣去督促、检查、落实其他成员去学习。

我发现，真正能带动大家学习兴趣的要素，不是我热爱学习，更不是我提倡学习，而是大家有问题需要解决。最好的情况是，这个问题的解决和个人能力成长有关，和得到团队的认可有关，那大家的学习积极性就会陡然高涨。要是学习和直接出业绩挂钩，那就会让大家更有学习热情。为学习而学习，为领导提倡学习而学习，基本上都很难有结合实践来改进工作的下文。

现实情况为什么会是这样的呢？因为人们的行动需要有个看得清、

达得到的目的和目标作为导向。大多数人是为某个目的导向而产生学习或锻炼的积极性。只有少数人可以没有目的，只是对某件事有兴趣而产生学习或锻炼的积极性。举例：学生，即使是学霸，如果不是为了考试，还会有那么大的学习积极性吗？我听说日本有一个超级好的养老院。里面有各种锻炼身体的设施供老人们每天锻炼身体用。但无论养老院管理人员怎么鼓励、督促老人去锻炼身体，响应的人都是寥寥无几。后来这个养老院想了一个办法：在养老院发行一种代金券作为“钱”，可以在养老院消费各种吃喝和购物。老人们必须通过体育锻炼才能挣到“钱”。这种方法居然就能让老人们振奋起来，琢磨游泳能挣多少“钱”、玩器械能挣多少“钱”、打羽毛球能挣多少“钱”。结果就是，养老院的老人们都开始去锻炼身体了。不是锻炼身体让老人有热情，是能挣到“钱”，感觉自己有价值，让老人对锻炼身体有了热情。我举这个例子说明，当某个方法，比如学习、比如锻炼，链接到一个明确的目的，这个方法才是真正奏效的。

回到建立学习型组织这个话题来谈学习，最好的学习就是针对工作的突破和创新的学习。

管理者应该重视结合实践来组织学习，并跟进学习成果在工作中的落实情况。学习的内容不仅来自书本，也来自对工作难题解决方法的探索和更大挑战的应对。

我的建议是，既然学习只是个方法，那就先不谈方法，先谈目的：我们的组织需要在哪个方面做出提升或改进。从这个目的出发，让大家寻找可以借鉴的经验、方法、技能。可以从书本上学，也可以从有经验的人那里学，也可以鼓励大家提供学习的线索，然后针对问题的解决互相贡献学习心得。一旦改进方案得到大家的确认，管理者需要做的就是跟进这个过程，一直到有好的结果，并对提供方案和参与方案的人提出表扬和鼓励。

这才是真正的学习。

上篇

领导力行之有效

CHAPTER3

第3章

将任务推进到结果

管理者在推进工作时会遇到两类障碍：工作任务和企业规则导致的障碍；员工能力和心态导致的障碍。本章引导管理者学习如何排除上述障碍，将工作任务向最佳结果的方向推进。

1 如何避免执行计划“掉链子”

“公司交给我团队组织大型市场活动的任务。我从一开始开会告知到制订计划再到把任务分解到每一位员工，本以为大家对任务的情况和对自己要做什么都很清楚了，甚至，我还和每个人当面锣对面鼓地确认了对任务的理解，应该是万无一失了，却没想到邀请重要客户这个最重要的事情出现了问题。执行该任务的员工把我们想邀请的客户名单交给我审核，告诉我邀请函发下去了，也收到了应邀客户参加活动的回复。可临活动日还剩三天的时候，该员工居然告诉我，报上来的重要客户出席名单中，有 30% 临时有事来不了。这链子怎么说掉就掉了呢！”

因为某些员工“掉链子”，导致整个项目的执行结果打折扣，这种情况是管理者不愿意看到的。尤其在较大活动或项目的组织和执行中，管理者提心吊胆、步步为营，却不能保证项目一定能按计划达成结果……

这是一场课堂上的管理问题讨论。以下是我和这位管理者的对话：

我：你觉得负责邀请客户的员工接受这项任务的时候考虑到可能会有被邀请的客户临时取消参加活动的风险了吗？

他：这有个过程，一开始，该员工认为这次活动是对各分区销售的支持，我们部门应该只负责邀请领导参加。各分区应该负责提供参加活动的客户名单，由我们审批。但我告诉他这样肯定不行，邀请客户也是我们的责任，我们不但要发通知，还要打电话与客户沟通和确认，确保把最优质的客户邀请到。我还向他强调，邀请重要客户是我们组织这次活动最重要的责任。这次活动不就是针对这些重要客户举办的吗？他这才不说什么，按照我的要求去执行。

我：那就是说，其实该员工本来并不认为你交付给他的任务对你们团队来说有那么重要，是你向他强调了重要性，但你并不能确认他是否因为你的强调认识到了此次任务的重要性，是吗？

他：很可能是这样。

我：还有他其实也并不十分清楚存在客户答应来参加但却没来的风险是吗？

他：这问题你问着了，他应该没有太多这方面的经验。

我：你觉得问题是不是就出在了这里：一是他不够重视；二是对可能会掉链子的地方没有风险控制方法。

他：嗯，你说得对，肯定是这样。但在执行任务的过程中，团队中哪个成员对自己的任务没有足够重视，或控制风险的意识和方法不够，都是有可能的。那是不是说，这类问题就是我们的管理死穴，无解了呢？

我把他的问题抛给了在场的其他管理者。

有人说：把任务落实到人是对的，但检查跟不上会存在很大风险。因此不能把结果检查放到最后，应该做阶段性检查工作。比如一周一次例会检查，列出每项工作落实到人和时间的计划表，让每个成员都拷贝一份，以确保没人会误解和忘记自己该按时完成的任务。同时要奖惩分明，事先提出奖惩方法，让大家知道自己所承担的工作是否按时完成，是会受到相应的激励或惩罚的。

我把这种管理方法抛给了员工——员工是管理的目标人群，他们能让管理者知道自己的真实感觉。得到的回答是：管理者将重点放在如何确保按期完成准备工作上，对结果的达到肯定有作用。但作为执行这个项目的员工，感觉很受压抑。“任务一来，我们只是按照领导的指令行动，结果好了还好，结果不好会有惩罚。我们既没有发挥作用的余地，也没有成长的空间，感觉不好。”有位员工这样反馈。

有管理者认同员工的观点，说：“任务落实到人和定期检查当然非常重要。但更重要的是大家都得有积极性。作为管理者，自己不但要定期检查，更要时时提醒大家。在员工的重要工作任务中，要扮演替员工扫清障碍的重要角色。”

但也有不少管理者不认同这种做法。他们的观点是：管理者扮演救火队长的角色，是很有问题的，既不利于员工能力的锻炼，也不是最佳的管理方法。

还有一些管理者的观点是：确保项目达到预期结果，是每个管理者心里最大的压力。到时候任务一上来，还真顾不了那么多。为了安全起见，首先自己要对如何完成任务有一个缜密的思考，并把自己的方案与上司讨论，而不是马上给员工布置。在确保这个计划周密后，再给员工布置工作，做到任务落实到人。当然，在这个过程中，可以采取人性化一些的领导方式。

我同意，在工作目的和计划制订上和上司达成一致是非常重要的。只是，在领导拿出方案后告知员工执行，会有执行力打折扣的风险。因为用告知的方法传达任务，无法真正确保员工在认知上真的和管理者同步，在遇到问题时，也无法确信员工采取的解决问题的方法是否奏效。

任务的执行者是员工，管理者须清楚地知道通过员工来执行任务有三处可能会“掉链子”的关键点：其一，员工对任务的理解和管理者不一致，会导致执行的偏差；其二，员工对任务的理解到位了，但对承担分配给自己的任务心不甘情不愿，会导致执行打折扣；其三，员工心甘情愿承担任务了，但对执行中遇到的风险缺乏有效的控制方法，会导致最终结果不能尽如人意。也就是说，如果管理者在向团队布置任务的时候能够确保在上述这三个关键点上不掉链子，就能大大降低在最终结果上“掉链子”的风险。

我建议大家采取以下步骤来制订团队执行计划：

第一步：在和上司确认任务的真正目的和目标后，回自己的团队组织讨论，给大家时间来一起讨论，让大家对任务的意义有一个理解的过程；

第二步：让大家一起参与规划项目成功的衡量标准，并讨论出任务成败的关键点，达成一致意见；

第三步：让每个人都出主意想办法，创造出越多越好的具体办法去最大化地保证任务的成功；

第四步：和大家一起评估哪些办法是切实可行的，把可行的方案制作成行动方案，并对难度较大的事情，共同设计出确保完成的措施；

第五步：尽可能让每个人按照自己的所长和意愿主动领取各自的任务；

第六步：把计划执行的推进表张贴在办公室的墙上，并用每周一次短会、每周轮岗监督整个推进的进度。

我建议的上述做法源自 GE 群策群力的方法。这是已经被无数次证明过的高效方法。这个方法的好处是：能够让全体成员对任务目的和目标达成共识，并在这个基础上让大家都参与想办法动脑筋出方案的全过程，让员工通过参与策划方案产生积极性和任务的拥有感。大家做出具体的执行计划并张贴出来，无形中起到了自己督促自己的作用。如果按照计划所列的进度来检查任务执行的进度，应该能达到很不错的效果。

员工的理解、员工的动力、员工的执行，是执行计划是否靠谱的三大关键要素。

在任务布置中，最关键的不是管理者告诉了员工任务是什么，而是员工的认知是否和管理者的认知达成了一致、员工是否心甘情愿地执行任务、是否在关键点上有合理的风险控制方法。

在完成团队任务的时候，你是否关注到了以下几个关键点：

1. 任务分解到人。
2. 完成任务的时间节点。
3. 对任务的意义有共识。
4. 对任务达标的标准有共识。
5. 员工对自己执行的任务有担当意识。
6. 员工对必须达成的任务关键点有奏效的风险控制方法。

2 确保员工操作无误，才是辅导

“我需要员工向某销售部门收集有效数据。但该员工无法让销售部门的人积极配合他的数据收集工作。我知道我应该让该员工认识到，埋怨其他部门不配合自己是无济于事的，是他自己的沟通能力需要提高。我需要通过帮助他提高沟通能力，按时收集到数据。”

一线管理者往往都是团队中业务能力最强的那个。因此，一线管理者对团队的重大任务或难度较大的业务，都不能放心交给他人去做。但长此以往并不利于员工的成长。管理者怎样做，才能既确保项目不出差错，又能让员工越来越有能力承担更重要的工作？

管理者 A 是这样做的：“为了帮助员工改进工作，我先向销售部门了解一下情况，看看问题出在哪里，掌握一些具体事实，以便我可以辅导我的员工。然后，我和颜悦色地告诉该员工，他收集上来的数据不符合要求，并用了解到的具体事实说明其原因是他和销售部门的人沟通出现了问题。为了他有改进沟通的动力，我用自己的例子说明在职业生涯中沟通能力的重要性，并告诉他，自己已经和销售部门的人打好招呼了，鼓励他再和销售部门的人沟通一次，并规定交活儿的具体日期。”

沟通是一个比较难以界定却又非常重要的能力。管理者查明事实而不是泛泛地指责员工沟通不好，有助于让员工认可问题的存在。但是，管理者用自己的例子说明沟通的重要性，讲道理多于做辅导，并自己去和其他部门的人做好沟通后让员工去做执行，并不能让员工的沟通能力得到真正的提高，反而会导致员工产生依赖心理。这种做法，看上去好像是在辅导员工，但其实是在说了一通空洞的道理后，又自己去替员工铺路，对员工的沟通能力提升没有起到太大的作用。

管理者 B 道：“如果让员工一起来整理所有的市场数据，在整理数据的过程中，管理者可以有意将他的数据和其他人收集上来的数据进行比较，让员工自己发现因为沟通出了问题，导致他收集的数据也出了问题。然后告诉员工在沟通中应该考虑做这件事对对方的价值是什么，让对方愿意配合自己。在员工自己发现问题后，让他再次尝试通过沟通拿到有效的数据。”

这也不失为一种方法。只是，谁都不喜欢在与其他人的比较中暴露自己的不足。管理者拿该员工的数据和别人的数据做比较，还不如不去比较，让员工更容易接受。管理者告诉员工如何沟通是对的，但如果在这个基础上有进一步的辅导动作，效果会更好。

问题又来了，什么才是进一步的辅导动作？

辅导动作和告知是不同的。辅导动作就是让员工知道在行动上怎么做，而不仅仅停留在告诉对方怎么做的层面上。

那么，管理者怎样做才能让员工知道自己在行动上该怎么做呢？

管理者 C 说：“那就这样做，管理者约员工和他一起去见销售部提供数据的人。见面时，管理者自己在现场做给员工看，如何向对方讲明这次市场数据收集对销售部门的价值，以及做不好对双方的负面影响。

当听到对方说明他们面对的一些困难时，自己和对方一起商量解决问题的方法，同时拿出准备好的数据收集模板，让自己的员工和对方的员工一起填写一部分。回来后再要求员工，按照自己的做法和标准去向其他部门做数据收集的沟通。”

管理者演示给员工看如何做一次有效的沟通，如何落实工作结果，这样的好处是能够帮助员工自己发现和改进沟通的方法。如果管理者再让员工演示一遍，确保他的动作正确有效，就更能确保他的沟通能力得到提升。

我建议用以下步骤操作：

第一步：用具体的事实肯定员工在这次数据收集中付出的努力；

第二步：告诉员工，如果能提高沟通的能力，就能在数据收集上做得更有效；

第三步：设计一个和员工互动的角色演练，让员工认识到要找到对方与自己合作的动力点；

第四步：和员工一起讨论如何才能让这次沟通成功；

第五步：为了消除员工的顾虑，告诉员工自己将如何支持他；

第六步：要求员工这次提交的数据要符合有效的标准。

拆解一下上述步骤的用意：其一，肯定员工的努力，可以让员工以开放的心态改进工作。其二，让员工清晰地知道需要进一步努力的方向是沟通的有效性。其三，通过模拟练习和问题讨论，让员工掌握更有效的沟通能力。其四，给予员工支持，向员工提出达标的要求，不但能让员工增添信心，也能让员工清晰地知道管理者要求的交付标准。

辅导不只是向员工说明怎么做，还要确保员工操作无误。

管理者帮助员工提升能力，不是讲道理，也不是展示自己的能力，而是确保你的辅导能转化为员工提升的能力。员工在你的辅导下能采取正确有效的行动来确保结果的正确，才是管理者的目的。

自测：看看你辅导员工的能力达到了哪一级水平：

第一级：给员工讲一番道理。

第二级：自己替员工摆平。

第三级：告诉员工该怎么干。

第四级：演示给员工该怎么干。

第五级：员工演示给你该怎么干。

第六级：确保员工获得你要的结果。

3 走出 KPI 考核的困局

> - IT 公司的研究机构以研发项目完成速度和质量作为绩效考核的要求，看上去很合理，但研发成果很可能无法转化为商业业绩；
> - 以销售业绩考核销售人员也完全正确，但销量的提升无法带来利润的提升，而且助长了老销售凭业绩居功自傲的气焰；
> - 设计公司一视同仁地考核全员的纪律和职业形象也完全合理，却并不能使真正有才华的设计人员发挥得更好，反而让他们觉得无奈、压抑而带来人员流失的风险。

大多数企业都会用 KPI 考核的方法来实施绩效管理。但绩效考核对企业最终业绩提升起到的作用究竟有多大？这似乎是一个无法说清楚的问题。对沿海城市近百个成长型企业的绩效考核调研显示：有 63% 的企业认为他们的绩效管理效果不够理想。所谓不够理想是指，绩效考核的实施与业绩目标的达成之间似乎没有太大的关系。调研表明：在经历 10 年以上的绩效管理经验积累后，通过绩效管理真正改善绩效的企业达到半数。绩效考核应该是科学而公正的管理方法，也是每位管理者需要做的工作，可为什么实施起来效果不如人意呢？

KPI 绩效管理，管理的是部门和员工的关键表现指标（key performance indication）。部门和员工的 KPI，应该基于部门和个人对企业的真正价值贡献。而这恰恰是最容易出现逻辑漏洞的地方，以至于 KPI 考核招致员工戏谑，称 KPI 是让人们保持忽略（keep people ignored）。

究竟是什么原因导致 KPI 考核有如鸡肋，弃之可惜，食之无味？

我们需要从两方面来考量：一方面是绩效考核目标的制定，即从 KPI 指标制定与企业战略和部门目标之间的紧密相关度来考量；另一方面是绩效考核的方法，即对利用 KPI 考核工具的管理者的执行效果进行考量。

企业 KPI 绩效指标制定的最大漏洞在于：KPI 指标中的部门绩效、个人绩效和对企业的真正价值贡献之间存在逻辑上的脱节，甚至与企业需要兑现的客户价值不相干。

有一位著名企业企划部门表现优秀的员工，这里说的表现优秀，是指根据公司制定的 KPI 指标的评价，他被连年评为优秀员工。但到了公司业绩下滑，需要大裁员来节流的职场寒冬季，他却成了第一批被裁员的对象。这位员工想不通，问我为什么情况会是这样。

为什么 KPI 考核优秀的员工，反而是第一批被裁的人员呢？

因为他所在的企划部，在公司存在的价值不高，所以那个企业决定对企划部做根本性调整。因为他是企划部老员工，工资最高，所以在为节流而裁员时，他被第一批拿下。对他来说，这是不公正的。但对企业发展来说，逻辑上是通的。

说不通的地方是，企划部的 KPI 考核指标是怎么制定的？整个企划部怎么会在 KPI 考核指标的误导下失去了部门的价值，导致员工的努力付出也失去了价值？我在这里举这个例子不算是极端的。这样高考核、低价值的例子在各个企业比比皆是……

这当然是企业高层管理者的问题：你们是怎么制定 KPI 考核指标的？但企业高层管理者也可以质问，为什么员工不能自己主动瞄准企业需要的真实价值方向努力呢？很可能的原因是，员工根本看不见所谓的真正的价值方向；员工懒得顾及企业的价值方向。我是说，如果企业的价值方向和员工的内心需求没有太大关系的话。美国的一项调研表明，能看明白企业目标，并能抓住重点而努力的员工才不到 5%，这就是真相。

一个企业，从战略制定到组织安排，再到流程设计，一直落到对执行底端的员工绩效的管理，员工非常有可能看不清管理者眼里的企业方向。员工更多的是本能地盯住绩效考核指标来采取行动。员工需要绩效管理指标来让自己知道怎样做才是正确的。可绩效管理的设计在于企业价值的真正贡献，却早在之前就缺失了。这不是一个企业的问题，是普遍的问题。

我在这里并不是想探讨如何解决企业 KPI 指标的设计问题——这个问题不是不重要，是非常重要，考核标准和真正的价值贡献脱轨，接下来对员工实施考核就一定会出问题。只是，这不是这篇文章探讨的重点。这里探讨的重点是：几乎在所有企业，KPI 考核指标都没 100% 精准地对准价值方向，我们执行 KPI 考核标准，面向员工做考评的管理者应该如何利用 KPI 考核这个工具来实施有效的管理和领导力？

我想对需要实施 KPI 绩效考核的管理者问一个问题：KPI 考核对我们来说，究竟是管理手段，还是管理的目的？关键（key）表现（performance）指示（indication）。什么意思？意思就是说，因为员工看不清企业的价值方向，所以 KPI 可以告诉员工，按照关键指示牌去努力，就能走向价值贡献的方向。也就是说，KPI 是为员工指引方向的指示牌。而绝不是说，KPI 就是员工在工作岗位努力的全部意义。

现在企业管理者对员工的绩效考核，多半是围着 KPI 转了。哪怕 KPI 是不准确的，哪怕 KPI 不能帮助我们走向真正的价值方向，KPI 也多半成了员工努力的全部意义。这才是实施考核的最大问题。就连淘宝店铺的员工也在用短信和淘宝留言不断扰民："给我个好评吧，我业绩考核需要。"这对客户的最终体验究竟是好还是不好？

在企业做的员工调研中有同样一个问题："绩效考核结果出来后，上司是否和你沟通结果和告诉你需要改进之处？"结果是，82% 的员工回答"根本没有"或"偶尔会有"。这说明什么？说明 KPI 考核，在管理者那里变成了走过场的表面形式，成了对员工绩效考核的依据。对员工来说，KPI 指标，有时是不敢越雷池半步的威慑，有时是不用瞄准方向，拓展努力的理由，有时是为搞不定而焦虑的压力。这就是成事不足、败事有余的 KPI 考核——从制定到实施的现状。

好吧，那就让我们来看看，对实施 KPI 考核的管理者来说，KPI 考核这个工具，本来可以对我们管理团队发挥怎样的作用：

- 提高绩效：通过考核结果的反馈，帮助员工改进工作绩效。
- 薪酬调整：奖优罚劣，激发员工的积极性和主动性。
- 技能培训：从绩效考核看员工能力缺失，用培训提高绩效。
- 岗位调整：根据考核结果对员工岗位调整，确保量才使用。
- 员工发展：考核结果可以是员工职业生涯管理的基础数据。

对于管理者来说，KPI 考核是个好用的工具，是个可以用的手段，也是一个不错的机会，管理者可以借机和员工沟通，来达到管理者本来就想达到的管理目的，也可以借助这个工具帮助员工解决问题、启发员工提升能力，和员工共同探讨发展方向。

KPI 考核绝不是管理的目的，而是帮助员工成长、达到管理目的的工具。

KPI 考核指标可能不够精准，KPI 考核甚至可能对员工不够公平，但这都不能妨碍一个真正想做好管理工作的管理者为了达成目的而帮助员工的尽责之心，更不会妨碍一个管理者提升自己部门的绩效。精准的指标或不精准的指标，都可以帮助一个管理者向员工阐述真正的价值方向，启发员工贡献价值。

管理者需要理解和做到的是：

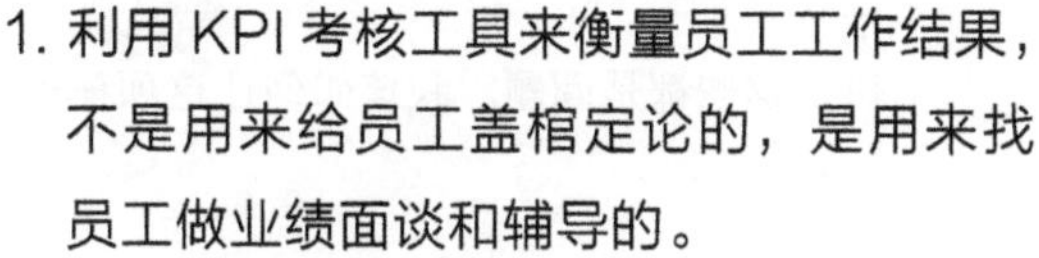

1. 利用 KPI 考核工具来衡量员工工作结果，不是用来给员工盖棺定论的，是用来找员工做业绩面谈和辅导的。

2. 肯定员工做得好的方面，并不做评价地提问结果不理想的地方是什么原因造成的。
3. 和员工共同确定提升哪些方面的能力能改善工作结果，并达成改善方案。

4 利用团队任务发起团建活动

> 公司推行现场管理工作大有成效，厂区现场百余处不足得到改善。为了将该项工作进一步深入，公司决定召开一次汇报和表彰大会。这样做一能总结经验，二可以激励大家，三也是向领导做成果汇报。参加该项目汇报和表彰的员工大多数是生产一线的工人，他们很少参加这样的活动，所以很可能有预料之外的问题发生。比如，大家是否会制作和使用在大会上汇报用的PPT、会不会组织自己发言的内容，是否能够顺利地站到讲台上去演讲，这些都是问题。我该如何让这项任务做到万无一失？

管理者经常喜欢利用团队建设、户外活动等方法刻意制造事件，以锻炼团队成员的能力、增强团队成员之间的凝聚力。但在遇到在企业内部推动某件事情完成的时候，管理者却很容易只将注意力放在如何获得项目成果上，而没有意识到这是团队工作方法打造、团队的能力建设和凝聚力形成的好时机。我们可以利用这样的机会对未来创造团队业绩做好基础建设。团队建设和户外活动是好事，但远不如结合工作实际来调教团队更直接、更有效，也更结合工作实际。利用事件调教团队，而不仅仅是完成任务，是我们经常看不见的管理死角。

我们通常使用的传统方法：因为分厂现场的员工的呈现能力有限，为了保证成果汇报会的圆满成功，可以首先争取厂长的全力支持，自己则亲自收集汇报内容。发挥自己制作 PPT 的优势或寻找外部部门人员来支持 PPT 制作。总之就是加班加点也要把汇报用的 PPT 做完善。再和参与汇报的工人师傅分别沟通，帮助他们准备演讲，以保证万无一失。这样既能克服 PPT 制作的问题，也能确保会议的最佳效果。

但如果你采取这种方法，那么你基本上就是在用做业务的思路来完成上司交付的任务，用做保姆的心态来取代员工的成长。管理者用个人能力保障了成果汇报的顺利进行，但对这项任务的另一个重要目的缺乏考虑。这就是：管理者应该同时考虑让团队里尽可能多的人有更大的积极性投入到项目执行中去。这种传统方法也缺乏对团队作用的发挥和成员能力培养的思考。

也有管理者会抽选推行项目的骨干上台汇报，然后在自己的帮助下制作完成演讲汇报资料，并由这些骨干上台做汇报演讲。但管理者也得做好准备，一旦这些骨干上台做汇报演讲有困难，管理者需要给予他们一些演讲技巧的培训。

这种做法关注到对骨干员工能力的提升，但缺乏对员工积极性的引导；考虑到了如何保障汇报的顺利进行，但没考虑另外一个重要目的，即让尽可能多的人有更大的积极性投入到执行项目中去。

管理者还可以和厂里负责宣传的人筛选出上台发言者的名单，然后自己或请求负责宣传的人就发言者的 PPT 准备专门的模板，制定出活动的计划流程以及关键控制点。自己还需要负责辅导工厂发言的师傅，并让其定期向自己汇报进度，在大会之前做模拟演讲练习。

这种做法是通过辅导和帮助他人进行工作的。同时，管理者亲自制定专门模板和工作流程，能保障这次和今后同类活动的顺利进行。只是这种做法忽略了这次活动的另外一个重要目的，即让尽可能多的人有更大的积极性投入到项目管理中去。

好吧，我多次提到，让尽可能多的人参与进来。为什么？因为这是一次很好的机会，让管理者可以引导这件事情全方位、超预期地完成。也就是，在确保结果优质的情况下，同时兼顾到团队成员投入该项任务的积极性和能力提升。

请注意，当具备以下几个条件，你就可以选择利用该事件、该任务的完成，借机发起一次团队建设活动：

- 某项任务的完成不关系到你部门的 KPI 考核；
- 完成这个任务也不涉及你部门创造业绩的关键能力；
- 你部门必须完成这项任务；
- 完成该任务所需的能力你部门的人员不一定具备。

你可以使用表 3-1 的格式完成你的构思：

表 3-1

你认为的工作目的	
你看到的障碍	
你的管理思路	

在完成你的构思后，你也可以让你的团队成员或你的同事对你的管理思路可能产生的效果做出反馈。你利用表 3-2 中的关键点，并以最佳效果为 3 分，最差效果为 0 分，让他人来对你的管理思路做出客观评价，以帮助你自己理清思路：

表 3-2

	分数：0 ～ 3 分
对工作结果的锁定度（result）	
对成员士气的关注度（morale）	
对能力提升的关注度（competence）	
同时打造可重复使用的方法（system）	

大家有没有从上述练习中发现一个问题：我们很容易在做管理的时候变成“斗鸡眼”——只盯住工作结果这一个点，而看不见能让团队成员达成工作效果的那几个重要因素，即团队士气、员工能力和高效的工作方法。作为管理者，你要是只盯着鸡蛋这个“果”，忽略了要养好下蛋的母鸡这个“因”，你的管理工作就很难走上越来越高效的轨道。

为什么管理者的视角会只盯着鸡蛋，忽略了下蛋的母鸡呢？很可能的情况是惯性使然——以往在员工层次做事的惯性导致我们习惯了只盯住工作结果，看不见需要鼓舞士气、提升员工能力、在更大的格局上布局和改进工作方法，使其更高效。

如果我们考虑到 RMCS 四个维度的管理，即在关注工作结果（result）完全达到的情况下，同时关注员工士气（morale）、员工能力提升（competence）和工作方法的形成（system），是不是可以采取如下方法呢？

管理者可在团队召开创意会议，发动大家集思广益。设想，假如大家讨论的结果是：用征集汇报表彰大会方案的方式来征求各车间组织汇报方案，并对入选方案设置了奖励，让入选方案的策划者来组织在此次会议上的演讲发言。管理者则与团队一起制订推进计划，把任务分配到每个参与者，并制定具体的完成时间。管理者自己则可用鼓舞士气、辅导能力的方法来确保任务顺利完成。这样的做法是不是能在保障这次活动最大效果实现的同时，让团队成员也能在该次活动中得到能力的提升，也获得了一些如何组织这类活动的工作方法呢？这样的方法也会更鼓舞人心。

> 利用团队任务来组织团建活动，在业绩达标的同时，掀起员工的热情、促进员工成长，并总结该活动顺利达标的方法，可以帮助管理者在“下蛋”的同时养肥团队这只下蛋的母鸡。

我们可以学习到的管理要点是：

1. 在团队工作结果无关乎关键成果的事情上，管理者可以把该事情的目标更多地设定在加强凝聚力、提升工作能力上，并以此来获得好的工作成果；
2. 管理者的角色可以根据事件的需求做出灵活变换——作为团队的灵魂人物，管理者不必事事站在高处和前端。在这类事件中，管理者可以扮演导演的角色，让员工成为明星，更能鼓舞士气，促进大家自己思考。

5 履行职责结果却不好，是谁的责任

“公司规定前台接待的岗位责任为：礼貌接待来访者，保障公司安全。具体规定为：来访者须在前台填写资料、领取进出公司的贵宾卡，并在前台电话接通被访人员后，由被访人员出来接来访者进入公司区域。

这岗位责任和行为规范没毛病吧？可一落实到操作就出现了大毛病：一位重要客户来访销售部门，在填写完资料、拿到贵宾卡后，被前台告知须通报被访人员来接方可入内。客户问前台为什么对客户搞得这么森严壁垒，在填写资料、领取了进入卡后仍然不让入内？前台答复：这是规定，要是没有填写资料就更不得入内。这样的答复惹得这位要客拂袖而去。这影响到销售部门的利益，销售部门当然不干了。于是前台遭到了销售部门的投诉，这让负责前台的管理部经理很懊恼。”

员工按照岗位责任要求执行任务，但却不一定就达到了结果上的满意度。这是员工执行的问题，还是制度制定的问题？管理者应该以什么样的标准来要求员工呢？

有管理者根据自己的经验说：开导自己，让自己感觉没必要为此烦恼。前台按规范执行，并没有做错什么，也并没有不尊重客户的言行。同时建议前台员工把真实情况汇报给上司，说明这是销售部门不及时接待客户的责任，并安抚前台人员，不要让自己员工的心态由于执行制度而受到打击。

但也有人提出来这样的做法并不是十分妥当。理由是：这样的处理方法虽然保护了自己员工的积极性，但既不能提升前台执行的质量，也不能避免事情再次发生。毕竟，来访者感觉不好，是真实情况。管理者需要解决这个问题。

有人就说：那就给前台接待人员做些培训，帮助他们建立客户服务意识。同时主动上门向销售部门做出前台接待规定的解释，用好的态度搞好关系。使用重要客户登记表机制，每天早上前台人员会向各部门了解登记今日到访的重要客户，并向领导汇报自己是用员工培训和主动去销售部门解释来处理这个投诉。这样给员工、销售部门和领导都留下妥善解决问题的好印象。

管理者这样做确实解决了服务态度的问题，但没解决既要保障安全，又要礼貌待客的工作难题，因此不能确保类似问题再次发生时，员工有处理问题并让客户满意的能力。

有些管理者是“自己的孩子自己教育”的风格：对内严格要求，批评遭到投诉的员工。既然已经知道访客是重要客户，为什么不能用更加礼貌、微笑服务的方式，赶紧给销售部门打电话，催促他们立刻来接待访客？在全体会议上提出被投诉的问题，让全体人员引以为戒。对外则保护自己的团队：说明这次事件因为销售部门不能尽快来接待客人，而导致客人滞留产生不满，才和前台发生摩擦。要将实际情况告诉领导，并告诉领导自己已经开会批评了被投诉的员工，并让大家都引起注意。

但这种做法，对内打击了员工的积极性，却并没有换来能力的提升。对外让人看到前台服务部门拒不合作，同时也会给上司留下推卸责任的印象。

这涉及一个经常有的现象：当管理规定、岗位责任不能帮助员工达成结果上的满意度，管理者该如何实施管理？

设想一下，管理者如果提出前台的责任是既要保障安全又要让嘉宾感到受尊重，二者不可或缺，并将此事件作为案例，提供给团队成员讨论，提出工作的本质是为体现价值，而不是为执行规定而执行规定，让员工用头脑风暴的方法进行讨论，今后碰到类似的问题如何做才能“两全其美”，并在讨论后采纳员工提出来的应对方法，甚至可以鼓励员工用小品表演的方式来体现如何应对难题，对恰当解决难题者奖励小奖品。让大家能意识到，如果不用“这是规定”这样的语言，而用“您是贵客，我打电话让人来接您”这样的语言，既能礼貌待客，又能执行安全制度，而且还实现了我们的价值，是不是更好呢？

引导员工看到岗位价值，引发大家对问题处理方法的探讨，既可以提升团队的工作能力，又可以发挥大家的积极性，还能让大家看到执行规定的目的是实现岗位价值。

作为一个团队的领导，你的团队是只尽到责任还是真正实现价值，是团队工作的方向性问题。一个管理者能否带出一个为价值而战，不为是否尽责而计较的团队，取决于这个管理者自己是不是对价值导向有坚定不移的坚持。案例中的前台接待尽到的是责任，没有实现的是价值，同时实现保护企业安全和尊重客户才是尽责的最终价值。

责任，只是说明你该做的事情；价值，才说明你达到了做事的目的。

一个纠结于做了事情却不落好的管理者，需要提升自己对做事目的的辨识能力，以及把自己的这种辨识能力变成团队行为改进的能力。这样才能带领自己团队向着价值方向前进。

我们不妨按照以下顺序来探索问题：

1. 你的团队的岗位职责有哪些？
2. 你的团队通过履行岗位职责要达成的价值有哪些？
3. 当员工尽到职责却没达成目的时，如何坚持以价值为导向来调整团队执行能力？

6 如何挽留稀缺性人才

> “我部门有一名资深工程师，曾在多家世界一流的互联网企业担任重要技术岗位，后转型成为一名投资研究人员，主要负责投资项目的技术评估工作。担任半年时间的投资研究员后，公司业务调整，需要裁减掉投资团队，我部门的成员需要转型成为具有品牌推广职能的行业研究员。这位员工对于部门职能变更的消息表示非常不能认同，并表示要与公司高层反馈这个问题，争取撤回此调整决定，甚至提出如果沟通无效，他将离开公司。”

挽留稀缺性人才或业务骨干，是每个企业都非常重视的事。招聘到人才不容易，能留住人才更不容易。

这位管理者说，造成这样局面的原因，是公司现阶段对于业务职能的需要与员工本身的职业发展需求出现了错位。公司的调整决定事先并没有充分与部门领导及员工沟通。作为部门领导，他花了很长时间倾听了这位员工倾诉他的烦恼，并且对他的职业发展忧虑表示非常认同。这个管理者非常明确告诉这位员工，这次调整是公司层面的一次大面积的业务线调整，而非针对他们这个部门，并且正是因为这个部门存在他这样的稀缺性人才，公司高层才特别点名，即使裁减业务线，也一定要保留这个部门的员工，将能力强的员工安排到更重要的岗位上去。管理者还表示，公司的这次决定是充分考虑了行业发展的变化，经过高层讨论通过，不存在撤回调整的可能性，但是他可以向新的领导争取调整扩充新岗位的职能，保留以前部门工作内容。管理者表示可以与他一起向直接领导汇报工作，充分说明新的部门职能优化的价值，还表示这与他的职业发展计划高度一致，如果部门的职能优化诉求得不到满足，这位管理者说，他将与他一起离开公司。同时还重点分析了如果职能调整诉求得到满足，这个部门将有哪些新的机会，可以做出哪些新的成绩。

这个案例，管理者从一开始提问“如何挽留稀缺性人才？”到最后说到如果不能说服领导，就会和员工一起离开公司，是不是有逻辑上的问题？管理者到底是想留住人才，还是想和这位人才联盟一起应对公司的调整呢？

我们首先盘点一下人员流失的情况会发生在哪些情况下：

1）公司做战略调整、组织结构调整的时候；

2）所谓“活多钱少责任大”的情况，也是导致员工流失的重要因素；

3）公司给的平台不足以让员工感到会有更进一步的成长；

4）直接上司的管理风格或团队氛围让员工接受不了。

上述这些情况发生在公司做出战略或组织结构调整时。在这种情况下，管理者需要在之前就盘点清楚：需要留住哪些人才，用怎样的方法能留住他们。不要等到企业做出决策后再用通知的方式通告大家。

其次，和希望挽留的骨干员工的谈话，需要从企业面对的现状、需要调整的原因谈起，然后询问员工的理解程度，在达成理解后，再和盘托出对他的岗位责任和薪酬待遇的考虑。这事，是在之前就已经了解清楚，确保他个人能够接受。

遇到部门调整的问题，会有员工从原来的岗位上被拿下，骨干员工也会面临感情上的不舍，并会因此动摇军心。但只要对我们需要挽留的骨干员工有令他满意的安排，对他的情绪反应有充分的理解和允许，那么，停留在情绪层面而不是利益层面的问题总会得到解决。管理者不妨用安排和员工聚会的方法，让员工表达感情、释放情绪。

通常来说，稀缺人才和业务骨干最重视的是，自己在企业有没有可以发挥的平台，有没有可以成长的机会，有没有与自己的能力和贡献匹配的待遇。而挽留不住这样的员工的最根本的原因，一是平台，二是待遇。任正非说的一句话我非常认同：只要钱给到了，管理的事就做成一大半了。

对大局达成理解、对待遇达成认同、对事业达成共识，是留住人才的三个关键。

通常情况下，留不住骨干员工，和企业自身的战略重点不清晰、平台小、报酬低有相当大的关系。作为管理者，需要从这三个层面来衡量情况。而管理者自己，可以先从对大局达成理解，再到对其的安排，最后处理情绪问题。用上述顺序来挽留骨干员工，就是在企业给定的情况内做了正确的且应该做的管理了。

留住稀缺性人才，需要根据实际情况提前布局，而不要等到被动情况的发生。如果遇到人才提出辞职，不妨按照以下步骤来尝试挽留。但需要同时做人才寻找或其他替补方案。

第一步：理解并接纳其提出离职时的情绪；
第二步：了解并接纳其提出离职的原因，并询问在什么条件下能够留下来；
第三步：坦诚说明能够满足的条件、能够争取满足的条件，以及暂时无法满足的条件；
第四步：分析其留下来的好处和离职可能存在的风险；
第五步：和其商量好一个真正做出决定的时间。

管理者可以做的是，在企业给定的条件下，用人才能够接受的方式了解情况、争取最佳结果。但不是在任何情况下管理者都能留住人才。如果人才是因为管理者本身的原因而提出辞职，这就是管理者需要改进的领导力问题。

7 用价值观差评员工，是在制造无解

> 我手下有个员工，非常有能力，业绩也完成得非常好。在我们所有的绩效考核里，他拿的分值也是非常高的。但我发现他会弄虚作假，或者说是下意识地撒谎。我在处理他的这个问题上感觉很棘手。有一次他提交上来的数据显示：有 90% 都是非常正向性的，但实际上我看到的只有 10% 是正向性的，其余的 80% 是他作假了。虽然说这个数据是否失真，后果不是很严重。但他弄虚作假的行为，给我造成了不小的困扰。

员工弄虚作假，但能力很强，领导该拿他怎么办？管理者们各执一词。有人建议旁敲侧击留有余地，让他知错就改；有的人说对三观不正的人就该拿下；有的人说该直话直说，能合则合，不能合则散。究竟该如何与这样的员工相处？

这是在一次关于领导力的脱口秀视频节目上。有人立即义正词严道："如果这个人三观不正，如果我是老板就直接干掉他，没什么可客气的。"

“你等等，这么快你的结论就上升到三观不正了呀！”我调侃道。

提出这个问题的管理者A解释说：“我觉得在基层做事情的员工，如果他的能力和品德不能并举的话，我会更在意他的才干。因为他在基层，能造成的影响是比较小的。但如果到了管理层，那对他的品德考量一定是要求更高的。我说的是一个基层员工，对基层员工的漏洞，我们有非常完善的措施，不会让他造成严重后果。”

“这么说，你已经找到解决问题的思路了？”我问。

管理者A回答道：“事情是解决了，但是我很难受啊。我老觉得脑袋上悬着一颗炸弹，这个漏洞我能查出来，那我没堵上的漏洞呢？我对他失去了信任感，他让我感到担忧，这才是问题。”

“你的焦虑是你对他有不信任感，但是你又想信任他，因为他的能力是够的，所以你想用他，是这样的吗？”我和管理者A做了进一步确认后，把话题传给了大家：“在管理者眼中非常能干、很有能力的员工，可行为时常会让管理者产生对他的不信任。这时候，管理者就会产生一种焦虑。管理者该如何面对这种员工？面对自己的焦虑？”

“我会很谨慎地用他。对于他的提拔，我给他的考察期可能会长。如果他还重复犯这种问题，不停地影响到我的心情，让我焦虑，我可能就不能忍了。”管理者B说。

“我的原则是，如果要用这个人，那就用人不疑。如果要疑，让我自己焦虑，那就疑人不用。”管理者C说。

我启发：“大家为什么不去更深入地了解情况，就从自己的角度出发，开始得出结论了呢？为什么不去了解一下真实情况，他为啥要撒谎？你了解了吗？”

“我和他聊过，旁敲侧击地说他提供的数据不真实。他给我的反馈就是矢口否认。可我们是抓到了非常确凿的证据的。”提出这个案子的管理者 A 说。

“我不了解你是怎么谈的。这样吧，我们来个情景再现，在座的扮演一下和这位撒谎的员工谈话的经理，由这位失去信任感的经理扮演这位员工。”我提议。以下就是课堂上常用的角色扮演：

经理 A：我找你来想问问，上个季度你的报表里有一些数据我不知道是怎么来的。我认为可能有一些问题。

员工：有什么问题呀？

经理 A：从别的部门反馈的数据上看，你的那个数据可能是不真实的。我想知道一下真实情况。

员工：都是真实的呀。你可以查嘛，都是真实的。

经理 A：可从别的渠道来的证据也表明，你给的数据有失实之处。

员工：你这不是侮辱我吗。我做的都是真实的，我这么努力。

聊不下去了。

经理 B：我看了你上次的报告，这几行数据都是对的。剩下的这些数据我们经过核对，发现是失实的。

员工：怎么会是假的呢，都是真的呀！

经理 B：你看这是客户的报告，这是我们的报告，这是我们比对的数据。

员工：那是不是电脑当时有 bug 呀，我不知道是不是程序有问题。

经理 B：难道是电脑都出了问题吗？

员工：领导你说得对。我觉得很可能是电脑的问题。

经理 B：那你把 IT 部喊过来。

员工：可以啊。

又聊不下去了。

“你们觉得问题在哪儿，旁人看明白了吗？”我问。

那位对员工失去信任的管理者，刚才扮演的正是那位员工，他突然很有感触地大声说："我明白了，问题是没有人站在员工的角度考虑问题！"

"你觉得没有人站在你的角度考虑问题，才是真正的问题吗？"我问，为了强调他的这个发现。

"对。这才是真正的问题。还有，你们想承认撒谎了吗？没人想承认！我为什么撒谎？没人想了解这个问题。"他说。

我接着他的发现推演道："还记得这位对员工失去信任的管理者刚才怎么说吗？他说，员工的能力是不错的，只是在对他的信任度上打了折扣。他纠结的是：我该用他吗？真正的问题是这个，而不是数据的真实性。管理者说了，这个数据其实无关紧要。但是刚才扮演管理者的人都和员工在是非、对错上纠缠，而在这个问题上的是非和对错，在管理中不但没有价值，反而引起了员工的抵触，阻碍了我们达到真正的目的。管理者揪住是非对错不放，而这根本不是管理的目的。这个案例的管理目的是什么，刚才那位管理者说得非常清楚，就是：我在决定用不用他。我面对的矛盾是：他的能力是不错，可我对他的信任度不够，所以我必须要搞定这个问题。这个问题和数据可能没什么关系。但我们的管理者在干什么？都在跟员工对质，一定要员工承认他撒谎了。这是在员工管理中最容易出现的问题。管理者被表面的问题限制住了，忘记了自己的真正目的。"

我痛快淋漓地说完后，自告奋勇地扮演经理，让那个失去了对员工信任的管理者继续扮演那位撒谎的员工。

我：其实你能力非常强，我特别信任你这一点。但有的时候我对你给我的数据不是特别相信。我觉得这里一定有问题搞错了，所以我想和你讨论一下这个问题。我的目的并不是要来和你谈数据的真假，而是看看我们之间是不是可以全部信任，这样我们才能合作下去，你说可以吗？

员工扮演者：可以。

我：你手上的三项工作 A、B、C，你认为哪个是重要的，哪个是最不重要的？

员工扮演者：（先旁白了一句：这我就好说话了。）我觉得 C 工作是没有必要做的。这类数据填不填都无所谓。可公司要我非得填，会占用我大量的时间。

我：这让你很不舒服是吧？所以你在做这项工作的时候肯定也对数据胡乱填写对吗？可你填的数据在我看来就是你在弄虚作假。这导致了我们之间的信任危机。我们来看看这类数据是不是有必要填。如果我们一致认为没有必要填写，我们就不填了。如果有必要填写，但对你的能力是个浪费，我们就看看有怎样的替代方案，好不好？

接下来，管理者和员工就可以进入对 C 项工作到底重要还是不重要、数据是否需要填写的讨论……

我：那我们达成一个协议。你必须做到今后有话直说，不能搞虚假动作来糊弄我。如果你不能做到有话直说，影响到我们之间的信任感，那就是你的问题。我给你三次机会，好吗？

那位管理者表示，这样的谈话，让员工释怀，也让他的问题得到了解决。这番表演，让在场的管理者都有所感悟。

> **管理者对员工的评价一旦快速上升到价值观的高度，就很容易给人贴上负面标签，妨碍问题的真正解决。**

在这种情况下，管理者并不知道事情的真相，只是拿自己内心的价值标准评价了他人。管理者需要记住的是：直接针对自己的目的，看清事实。不要浮于表面地去纠缠和自己的目的没有关系的事情。

避免轻易就对员工做价值观判断，坚持和员工之间做价值合作。管理者可以在和员工谈话时问自己以下三个问题，并写下来，在事后看看是否能够通过和员工谈话回答这三个问题：

1. 你需要达到的目的是什么？（你需要在内心明白：须和工作目的有关）
2. 他发生问题的原因是什么？
3. 你有没有找到和他解决问题的方法？

8　让资历在自己之上的员工接受领导

> 最近我刚晋升为主管。我团队有一位资历比我老，在某些项目上的能力甚至超过我的员工。可能她心里觉得领导提拔了我没有提拔她，就是没有认可她，所以对我自然是不认可也不服，不甘心接受我的领导。我上任后和她相处就很别扭。最近我交代她做一个市场活动的策划案。以前这类活动的策划都是她来做，团队中她最熟悉这项工作，可这次我遭到了她的故意刁难。她酸不溜秋地对我说："你是主管，策划方案是你们领导应该承担的工作。我们做员工的做执行。"

有资历比自己老、能力比自己强的员工，往往并不是管理者的福气，而是棘手的问题。这样的员工内心不服上司的管理，管理者遇到这样的员工，就像新骑手遇上了烈马，不好调教、不好管理。管理者该采取怎样的态度和行动来得到这类员工的"归顺"？

面对这样的问题，很多管理者会采取"礼贤下士"的谦虚态度，以换取这类下属在工作上的配合。比如，他们会试图找员工谈心，表示自己很认可其业务能力，希望员工能支持和配合自己的工作；或者很诚恳地表示自己愿意帮助员工一起来完成任务，请教该员工以往的工作经验；或者赞扬该员工的主意好，认可该员工负责该项工作会比自己做得更好……总之，就是试图用软手法、低姿态、诚恳心来包容、感化、扭转这类员工与自己合作的别扭状态。

这类管理者通常都有不愿意惹事的性格，或倾向于用自己的忍气吞声换来别人的心情舒畅。在团队和员工相处，这样的管理者会让员工感觉没有压力。采取这类管理风格来处理资历比自己老的员工的关系问题，确实能让员工的感觉好转。但是这不是以工作任务为导向、以员工心理需求为“激发点”的领导力，而是管理者自己的性格导致的领导力缺位。采取这种做法的管理者缺乏领导者的能量和底气，让自以为资历和能力都在领导之上的员工，在心理上既有居高临下又有愤愤不平的感觉，让员工的内心非常纠结和扭曲。同时，这样的员工还会有自己没当上领导，还要支持上司当好领导的想法，让“被利用感”搞得员工内心患得患失。在这样的情况下就算勉强接受了任务，这样的心态也会影响到工作的结果。管理者内心不够强大，怎么能够引导这样的员工走出心理困境，达成与自己之间健康且顺利的合作呢？

还有一类管理者的典型做法就是：干脆果断地去除自己对这类资历比自己老、能力比自己强的员工的依赖，自己掌握业务的主动权。他们会选择亲自完成任务，把企图拿捏自己的老员工晾在一边。他们觉得这样一来，下一次再布置任务的时候，老员工就没有再拿捏他们的底气了。

我很不建议管理者采取这种方式来领导团队。因为这不是在领导员工，而是把员工完全有能力完成的工作揽在自己手上，来证明自己没有领导能力，只好用业务上的能力来代偿管理。别说在某项任务上员工比自己更有经验，管理者就必须依靠员工来更好地完成任务，就算管理者遇到自己比员工拿手的业务，也应该想方设法提升员工的能力来完成任务。再者，管理者亲自承担下属更擅长的任务，抢了下属的位置，按照下属目前的态度，不会有效配合自己，只会形成更强烈的对峙，对自己所要的工作结果来说不会向好的方向发展。同时，为争这口气，管理者需要自己花更多时间、更多精力才会得到所要的结果，而这是没有意义的！这种做法说不定会让员工觉得自己对上司的刁难并没有引发对自己不利的结果。自己该做的不用做了，上司这是拿他没办法。

那需要不需要让自己的上司来支持自己，帮助自己来建立威信呢？比如可以让自己的上司找资历比自己老的员工谈话，肯定一下他的能力，要求他配合自己的工作；或者也可以设计一下：在自己的下属和自己的上司都在的场合下，给下属布置任务，让下属不好意思摆老资格难为自己。

借上司的力量来迫使下属就范，对工作结果有一定效果。只是，这并不能消除下属对自己的不服，对提高自己在下属面前的分量帮助也不大。而且，下属会感觉到你在利用上司胁迫他，这多少会带来一些对工作结果和人际关系和谐不利的影响。

我们通常的做法都会进入一个误区，那就是，员工不服我，这是个障碍，我怎么克服这个障碍。我把这种思维称为障碍性思维，即管理者眼中只看见障碍，看不见员工究竟需要什么。其实问题的关键是：资历比你老、能力也比你强的员工的心理需求是什么？你能否在理解其心理需求的基础上不动声色地满足他的需求？员工有负面情绪、心理障碍，这些都不是问题，也不是我们作为管理者需要替他排除的。如果我们把关注点放在员工的负面情绪上，认定这就是完成任务的障碍，那我们就很有可能将解决问题的方向放在如何排除，甚至压制他的不良情绪上，而忘记了最重要的工作：给他完成任务的动力。

按照这个推理，就会有人说，这位员工的心理需求是：能像你一样也得到领导的认可，甚至能像你一样也获得升职的机会。可管理的职位只有这么一个，这怎么可能满足他？我的建议是，管理者应该去满足自己最有可能满足员工的那个动力点，而不是自己满足不了的那个动力点。在这个案例中，管理者最有可能满足这位员工的动力点是什么？就是帮助他获得他希望获得的那位上司的认可，而不是帮助他谋得管理的职位。让员工获得他需要获得的那位上司的认可，不要让他做了这事，功劳却归于你自己，这件事容易办到吧？

人和人之间，无论是上下级还是平级，健康和谐的合作都需要建立在互利互惠的基础上，这样的合作才最能取得信任感。这位员工其实非常清楚，你的管理位置他暂时是拿不到的。你即使表现出想让位的态度，也不会获得他的信任。因为这不真实，那你又何必虚伪，非要满足他自己都觉得不可能满足的需求呢。

你自己去认可他的能力显然是无济于事的。因为这不是他的需求，他本来就认为自己比你强，无论他这种思维是对还是错，只要他这样想了，你的认可对他就是无效的。因此，如果你能帮助他获得他内心希望得到的那个领导的认可，做你能力范围内能做到的事，你就变成了可以帮助他满足需求的人。但这是不够的，因为这只是单方面你为他带来的心理满足。你和他必须是合作的关系，是基于互相需求满足的关系。你的需求是什么？就是他全力支持和配合你的工作。如果你能达成你和他之间这种需求的互换，你们之间的合作就被你转化为健康的同盟关系了。

无论员工资历比自己老，还是能力比自己强，都只是在业务层面上的比较。一个管理者需要考虑的，不是如何消除这类员工对自己不服的情绪，而是如何利用这类员工的能力为业绩做贡献。

这类员工不需要管理者在业务上的帮扶，但需要管理者看到心理上的需求，并用力所能及的方式来满足其需求，调动其愿意付出努力的积极性。这才是和这类员工的合作之道。

1. 你的团队中有资历和业务能力在你之上的员工吗，你了解他们的心理需求吗？
2. 你觉得他们都心甘情愿为你所用吗？
3. 你怎样做，才能满足他们的心理需求，充分发挥他们的能力？

9 怎么和考评差的员工面谈

“ 这次季度考评，我部门某位员工被评为 C，原因是他与其他同事相比，在工作上比较粗心、做事毛糙，不能按质完成任务。但该员工工作热情很高，也吃苦耐劳，对被评为 C 很难接受。我应该如何和他做绩效面谈？”

公司绩效评估要求各部门按照 20% 的 A 类、70% 的 B 类、10% 的 C 类的比例来考评员工。这给管理者的绩效考核与面谈带来了难题。即使与被评为 B 类的员工面谈，都很难达到正向激励的效果，更何况和被评为 C 类的员工进行面谈。管理者与绩效考评差的员工做绩效面谈，如何能不打击其积极性？

在培训课上，我叫上来一位学员扮演那位要找考评成绩差的员工面谈的管理者。

我：这事你还没做呢吧？

他：还没做，正发愁呢。平时大家关系都不错，他为人也不错，但有两个挺重要的任务，他完成得不好，这是他考评差的主要原因。说实在的，我当时都和他急了。

我：那你打算怎么和他聊，要不咱们先在这里试试？

以下是扮演找考评差的员工谈话的管理者说的："我知道你心里不痛快。但考评是公司的政策，我也改变不了。你说你上个月这么重要的工作居然掉链子，这不是撞到考评的枪口上了吗？你这粗心大意的毛病要是不改，你让我怎么给你考评打高分？"

员工扮演者给的反馈说，领导这么说话，自己并没有产生对他的反感。因为领导说的也是有道理的。虽然确实是自己工作出了差错，但是自己在情绪上还是郁闷无解的。道理上能明白的事，不见得情绪上过得去。

有一位管理者说："我觉得管理者应该先指出这位考评差的员工的优点，充分肯定他工作的积极性和出发点。这样可以先让他感觉到，就算考评成绩不好，也不代表被全盘否定。然后再指出公司衡量人的准则不仅仅只看出发点，更重视任务完成的结果。告知他公司业绩考核的指导性政策和衡量员工业绩结果的准则。将他的工作结果与部门其他员工的业绩结果做比较，让他明白对他的考核评价只是对他这段时间工作结果实事求是的评定。同时理解他被评为 C 的心情，但告诉他这未必不是一个刺激他改进不足的机会。和他分享他人的经验，提供如何克服不愿意动脑子的毛病的方法。"

理解员工在这个情况下的心情和肯定其优点，把问题缩小在希望他改进的小范围，能在一定程度上起到激励员工的作用。但是，用分享他人经验的方法不一定能直接帮助该员工解决他自己的问题。

这个案例牵涉两个重要的员工面谈技术：其一，如何处理员工的情绪；其二，如何辅导员工改进工作。

我一向不主张管理者有事没事就把员工的情绪处理放在很重要的位置上。我知道那不是管理者爱干的事，谁到公司都是为了交付岗位工作结果，从而换取自己的利益和他人的认可。没有谁愿意天天面对员工的负面情绪。但有趣的是，管理者还总是喜欢问：怎么帮助员工化解消极情绪?

为什么不愿意面对的就总想排除?因为管理者担心员工的负面情绪会妨碍到工作任务的完成。甚至，管理者只是自己无法面对员工的负面情绪，因为员工的负面情绪会让管理者自己心里忐忑。

那么，什么时候管理者该去处理员工的负面情绪呢?当员工的负面情绪影响到事情的推进，影响到工作结果时，管理者就应该去处理员工的负面情绪了。比如在这个案例中，如果管理者不能消除员工的负面情绪，就无法和他探讨改进工作的方法。怎么办，只能先消除他的负面情绪，再探讨改进工作的方法。

消除负面情绪的最佳方式，就是认可和接纳负面情绪的存在。只有通过认可和接纳负面情绪，才能让负面情绪不再堵住沟通的渠道。充满了负面情绪的身体，就好比一个充满了液体的瓶子，你不打开瓶盖先把液体倒出来，怎么往瓶子里装新的东西进去呢?

有人会问，假如员工的负面情绪恰恰源于他自己的问题，比如他没有及时完成任务，又比如他工作上出差错，这些明明都是他自己的问题，管理者要是认可和接纳这种情绪，岂不是在认可和接纳他工作上出现的问题吗?这个问题需要说明一下：认可和接纳别人的负面情绪，不等于认可他做的事情，而等于认可他可以有负面情绪。“我认可你考评差所以情绪沮丧，但这并不意味我认可你工作出差错可以得到好的考评成绩”。

在这里我说明一下所谓的对事不对人是不可能的。只要批评某件事做错了，一定会涉及做错这件事的人，一定就会让这个人认为这是冲他这个人的“攻击”。管理者想要将人和事剥离开，就要接纳人可以有情绪，只是需要共同探究事情的来龙去脉。

比如在这个案例中，管理者要给这位考评成绩差的员工在自己面前发牢骚的机会。对他给自己找理由、找借口，一概认可，表示理解他的怨气，不去做纠正。在他情绪压力得到缓解后，再对他强调工作结果不好，不是他不努力，肯定是有其他原因的，用跟进的提问方式，挖掘出真正的原因。因为只有找到真正的原因，问题才能得到解决。

这就进入了帮助员工找到真正的原因，并和员工一起探讨解决方法的阶段。这时候会出现第二个问题：人都不喜欢把发生问题的原因归咎到自己身上。在和员工探讨问题原因的时候，只要是涉及他自己经手的事出了问题，员工都会倾向于找客观原因。因为人在认错的时候会有很难受的感觉，所以想躲避。员工是这样，管理者也是这样，因为这是人性的弱点。如果员工强调责任不在他，在客观原因，管理者该怎么办？最差劲的办法就是：员工越强调责任不在自己，管理者越和员工争辩责任归属，搞得像是一场“逃逸与追杀”的闹剧。但管理者若是追究责任在谁而导致“逃逸与追杀”的闹剧，这场探讨改进的谈话还能进行下去吗？如果进行不下去，那责任又在谁呢？管理者一定会说：责任在员工就是不承认自己有问题！看到了吗？管理者也是人，也不喜欢枪口朝自己。那又何必端着枪朝员工呢？这解决不了问题。

最佳的方式是，认可员工所说的任何客观原因！这又会引起管理者的恐惧了吧？认可员工说的所有客观原因，不是就等于对员工说，既然不是你自身的原因，你就不用改进了吗？其实恰恰相反。就像有人对你说，我摔了一跤，不是我不小心，是这块大石头突然横在了我面前。如果你非要跟对方掰扯：难道不是你不长眼睛吗？为什么你不能承认是你自己不长眼呢？他会是怎样的情绪反应？他恨不得说：你才不长眼呢！与其引起员工心理上的反抗（员工只是不便说出自己内心的抗拒），不如不要制造这类的抗拒，不给自己增加和员工谈话进行下去的障碍。让我们把这话从指责变为认可，试一试，看看效果如何。

员工：我摔了一跤，不是我不小心，是这块大石头突然横在了我面前。

管理者：就是的，就是这块突如其来的大石头导致的。今后还会有这类的障碍吗？让我们来看看还会有哪些，都找出来，再看看接下来我们怎么做才能避免再摔跤。

这效果是不是好得多？管理者只有自己放下对错之争，绕过横在自己和员工之间的障碍，直奔问题解决的目的，才能引导员工战胜障碍，改进工作。

面对业绩考评差的员工，先用允许其情绪存在的方法来疏导情绪；然后用询问的方法，和员工一起对产生问题的原因做出层层递进的探索。当员工在强调客观原因的时候，接纳客观原因，然后和员工进一步探讨排除客观原因、改善工作结果的方法。

在这个案例里，我想强调的是，管理者面对两个障碍，一是接纳员工的负面情绪的障碍；二是接纳员工强调客观原因的障碍。管理者之所以常常被这两个障碍困扰，原因是管理者自己内心有恐惧：害怕接纳和认可员工而妨碍了自己完成管理任务。因此，在和员工谈话时看看自己的内心，是正在被自己的恐惧支配，还是已经放下自己的恐惧，来帮助员工疏导情绪，找出解决问题，改进工作的方法。不妨尝试做以下事情来提升自己对员工面对面的影响力：

1. 找一位考评成绩不佳的员工，用所学方法做一下面谈练习。
2. 用该员工的情绪反馈和工作改进状况，来考察自己的练习效果。

10 如何招架新生代员工价值观带来的“惊吓”

> 大家知道，民航业是服务行业。但碰到新生代员工情况会是这样的：他还没有结束对某位旅客的服务，就觉得他到点该下班儿了，而且他叫的出租车已经到门口了，于是他就走了。我问他：你跟这位旅客之间的服务还没有结束对吗？他说，我的出租车到了，不能让出租车等我呀。这事对于咱们来说是不可能发生的，我觉得很多问题对我们来说是再简单不过的，但是到了新生代员工这个群体，会给你一个出乎意料的“惊吓”。

如何领导与自己价值观非常不同的“隔代”员工，是困扰管理者的一个问题。比如，当工作的延续性和个人生活发生冲突，90 后的员工选择放下工作，而这对 70 后甚至 80 后的管理者都是不可思议的事。管理者该如何说服他们先完成工作？

这位案例的提供者说，90 后有一套自己的价值观，就是我个人的生活和工作应该是不搭界的。可工作有延续性，有时无法按正常的下班时间结束。如果出现这种问题，管理者该怎么应对？

管理者 A 也立即说了一个在他看来匪夷所思的事："我通知一位 90 后一个很重要的会议的参加时间，可到了开会的时间她没到会，给我发来一条微信说她正在逛街，没有买到合适的衣服，心情不好，所以不来开会了。我顿时就崩溃了，90 后和 70 或60 后的管理者的价值观太不一样了。对 90 后来说，工作只是他们生活乐趣的一部分。"

这个话题，立刻就引发了 70 后管理者的热议。热议的内容是，90 后放下做了一半的客户服务工作打车回家了，作为领导该怎么办？

管理者 B（70 后）说："必须批评。一定要告诉他，他的行为是错的。我还会告诉他，因为他自己按时下班，引起客户极度不满，公司在处理后续麻烦的时候投入了多少成本。"

管理者 C 说："90 后没有设身处地去处理过这个事情，是没有概念的。但是，一旦出了事，管理者就要告诉他事情的代价。他是个成年人，他该告诉管理者自己该负什么责任。"

管理者 D 道："如果我遇到这个问题，我一定当下就让他马上回来。我会要求他一定要在岗位上把所有的事情都处理完。因为这是他应该做的，后续我会再和他谈这个事。"

这事就上升到了 70 后管理者和 90 后员工之间价值观的冲突。"90 后太以自我为中心了。你们觉得有必要批评这位 90 后的价值观，是吗？那就按照这个思路做一个角色扮演。"我说。

我让提出这个案例的 70 后管理者扮演 90 后员工。以下是角色扮演的对话：

70 后：你昨天做客户服务，没有处理完你就回去了是吧？

90 后：对啊，出租车来了。我不能让车等我，我就走了。

70 后：那你知道旅客在等你吗？

90 后：旅客入不了境，是护照有问题。那就等着呗。我也帮不了啥。

70后：那你有跟值晚班的那个同事沟通过吗？

90后：没有。

70后：那你知道旅客等了一宿吗？

90后：我今天早上听说了。

70后：你不能让出租车等你，但你可以让旅客等一宿，是什么原因呢？

90后：因为出租车我付钱了。等我时间长花的钱就多。旅客第二天早上就会有人管。

70后：你知道今天我们一直在处理这件事情。但是我们处理的这个结果比你当时处理它要付出更多代价。你看到了这个代价了是吧？

90后：听说了。

70后：你怎么看这个事情？

90后：下次改正呗。

70后：那这一次呢？

90后：这次你说怎么办就怎么办吧。

我问90后扮演者是什么感觉。他说："我觉得这位70后管理者扮演者的眼神一直在谴责我。我感觉到很大的压力。这个压力来自他的眼神和他对我咄咄逼人的发问。在压力下我选择逃避，最后就是听任组织发落。下次我行为上会改善，但从内心是不认可的。也就是说，我内心是退缩的，行为是改善的。"

我再问70后管理者扮演者是什么感觉。他说："感觉到他意识到这件事他错了。但我心里的隐患是，指不定什么时候他在另外一件事情上还会出现问题。"

问题没有达成最佳的解决，我就换了角度和90后说了一段话："昨天这事儿，我也不觉得你有什么错。到点儿下班，这是你的权利。但是我们也有我们的工作，就是做好这位旅客的服务。这不发生矛盾了吗？咱就说说怎么解决这个问题可以吧？”

我问 90 后扮演者，听我这么说是什么感觉。他说：“你站在了客观的角度，没有用咄咄逼人的态度来批评我，我可以接受。”对方心里没有抵触，双方就可以进入问题解决了。因此，首要的问题，是先解决冲突。解决冲突的唯一方式，就是不让自己站到员工的对立面，而是拉员工站到和自己共同的立场，来共同面对问题如何解决。这不意味软弱，也不意味强势。而是放下价值观的对立，只是简单地去解决问题。

90 后和 70 后、80 后在价值观上会有不同，但这并不重要。大家是合作把事情做好。管理者认可 90 后，就和管理者认可自己是一样的。无论 70 后、80 后，还是 90 后，谁不想下班就走人呢，所以不用回避这一点，因为这没啥错。但是事情没有做好就是错了，只有这件事需要解决。

管理者站在教育员工的高度上，做价值观评价，是最不讨巧的事。因为一来没有任何人会接受他人对自己价值观的负面评价，包括管理者自己。二来管理者并不是员工的精神导师，管理者和员工的关系就是利益合作的关系。员工并没有到公司来让管理者当他的灵魂救赎者。在这个案例中，管理者可以做的是：告诉员工，我承认你的价值观，但你弄砸了合作的事，你得负起责任来。

要得到他人对自己需要解决的问题的认可，就先认可他人行为的合理之处。问题不在于他人的行为是否真的合理，而在于你必须经由“接纳他人”来得到“他人的接纳”，从而解决问题和冲突。

无论是70后、80后，还是90后，只要共同在合作做一件事，管理者可以使用的最简单的方法就是以解决问题为目的来探讨问题如何解决。以自己的价值观来否定对方的价值观，不是不可以，而是制造了节外生枝的冲突，把事情复杂化了。因此，遇到彼此之间的行为冲突，可以尝试如下方法：

1. 理解一下对方采取这个行为的理由和在对方眼中的合理之处；
2. 告诉对方自己的诉求和企业的要求；
3. 让对方看到如果自己和企业的诉求得不到理解和执行，对他的不利之处；
4. 和对方讨论如何让彼此的问题都得到解决，并得到对方的接受。

11 领导力实践问与答（Ⅰ）

这期选择回答学员提出的以下四个问题：

1）员工安于现状怎么办？

2）遭遇员工反授权怎么办？

3）如何帮助下属升职？

4）如何应对下属要求涨薪？

「员工安于现状怎么办？」

“工作中确实有不缺乏能力，但极度缺乏动力的员工。此类员工工作时间久了，很满足于现在这份工作。工作能够照常完成，但始终中规中矩，不求上进，也没有不满薪水，你安排什么就做什么，但没有任何亮点。作为上级，自然希望这样的员工能够更进一步，但员工本人无所求，领导怎么办？开除是否合适？”

解答：

你首先要问自己，你为什么关注这样的员工？既然你关注到了这个问题，就总是有原因的。既然原因不在于他没有完成任务，也不在于他提出的薪水要求与他的贡献不匹配，那就在于你自己看他不顺眼。你为什么看他不顺眼？要么就是他的行为与你所需要的积极进取的团队氛围不符合，要么就是他跟不上你本人积极进取的心态。

要根据你自己的管理目的决定是否需要这样的员工。如果仅仅是你自己看他不顺眼，而与团队管理无关，我认为你可以权衡一下开除他和再培养一个新手的代价。如果这位员工的岗位可有可无，那么，开除也好，不开除也好，都不是问题。如果你希望调整团队氛围，让团队更加积极进取，开除他能够起到这个作用，那就为了这个目的去行动。

「遭遇员工反授权怎么办？」

“这是个给下属提供必要支持的时间点和度的问题。员工寻求帮助的往往都是很紧急的工作，时间紧、任务重，遇到员工很难解决的问题的时候，就自己去做了。经常遇到这种情况，怎么解决？”

解答：

第一，要对下属的工作做出分解，对他的能力做出分析：哪些是他的工作重点，哪些是他的能力短板。在平时就要对这些能力短板做出辅导。

第二，在员工求助的时候，管理者需要不断训练员工自己解决问题的能力：

员工第一次求助，管理者通过提问从员工那里先获得回答，再给出自己的建议和帮助。

员工第二次求助，管理者要求员工遇到问题带着解决方案来求助，可以是不成熟的方案，但一定要有自己的方案。

员工第三次求助，管理者要求员工带着切实可行的解决方案。管理者的重点是对其方案进行评估，并在管理者的辅导下让员工自己参与解决问题。

员工第四次求助，管理者要求员工解决问题给管理者看。如果员工仍然需要管理者亲自介入业务问题的解决，管理者须要求互换支持和互换价值，不能被自己的员工领导，自己成了员工的员工。

在这个案例中，管理者的问题是，平时不针对工作重点辅导员工能力，在和员工合作中也没有提任何要求。是管理者自己用行为在告诉员工："你可以把领导当你的员工使唤。"

「如何帮助下属升职？」

"该员工作为技术人员，随着年龄的增长，以后还是想走向管理层的，该如何帮其设计长久职业成长方案？"

解答：

我的问题是，是这位员工自己向你提出今后想当管理者的吗？如果不是，这就不是你需要处理的问题。如果是，你也仅仅是员工的帮助者。你可以和员工一起分析，做管理者需要哪些能力，他自身缺乏哪些能力；在目前的工作岗位上，有哪些机会可以提升这些能力；需要你给他提供哪些锻炼的机会和支持。

记住，员工自身才是自己职业生涯发展的责任人，而不是管理者。管理者在这里可以起到的作用，就是做一个帮助者，并让员工认识到，走上管理岗位，这是他自己的选择和担当，以及你在其中可以起到的真实作用仅仅是帮助和支持。同时管理者还需要让员工知道，如果他需要管理者提供帮助，就需要在他目前的工作中让管理者看到他的进步和成长。

「如何应对下属要求涨薪？」

“员工在动力和能力都没有问题的情况下，要求涨薪（行业薪资在上涨），可企业因为资源的限制而无法满足该需求，我如何在不伤害员工积极性的情况下拒绝员工的加薪要求呢？”

解答：

诚实地告诉员工，你能理解行业薪水在走高，员工产生这个需求能够理解。但是你没有能力帮助他解决这个问题。

了解他需要增加多少薪水，告诉他公司目前的薪酬走势对他的需求能够提供多大程度的满足。

诚实地告诉员工，管理者能做到是给他提供机会来锻炼他未来争取加薪的能力。

如果该员工的能力是你的企业和团队所需要的，而企业并不能满足他的薪水要求，你只能接受这个现实。

员工不会被诚实告诉自己真实情况的管理者所伤害。员工有涨薪的要求，不等于管理者不能实现就是伤害了员工。这两者之间不是相等关系，是利益上能否互相满足的问题。

12 领导力实践问与答（II）

这期选择回答学员提出的以下四个问题：

1）怎样领导与自己私交好的下属？

2）怎样向上司汇报工作？

3）辅导下属的尺度是什么？

4）怎样让下属说出实情？

「怎样领导与自己私交好的下属？」

"团队成员和主管私交较好但是又没有很好地完成工作时，主管如何处理才更为妥当？"

解答：

私交好和完成工作任务，是不同范畴的问题。无论私交好不好，员工都需要完成工作任务。问题在于管理者本身，为什么对私交好的员工不能一视同仁地提出工作要求呢？私交好的员工应该更容易谈工作。管理者可以提出来，员工作为你的朋友，理应对你有更多的协助。上阵父子兵，打仗亲兄弟，说明关系越近，越能够彼此担当、彼此成全。

反之，如果有人利用和你关系好而不完成任务或难为你，这能叫和你私交好吗？这本身就是利用你，拉近和你的关系而利己。那你可以不认可这种私交。大家来企业工作，首先是利益上的合作。如果这个前提都不成立，哪来的私交？在企业合作中的私交，首先基于最基本的需求：工作上的良好合作。

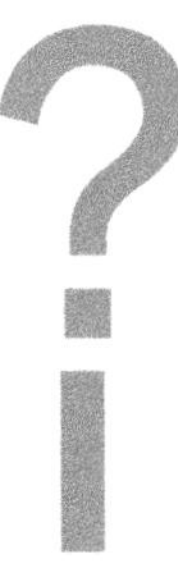

「怎样向上司汇报工作？」

“对上司汇报还是有困惑，对于不太愿意放权的上司来说，汇报如果事无巨细，领导会失去耐心，可是一旦某些事情出了问题，领导会倒追哪些小细节没有汇报，对于这种该如何处理呢？”

解答：

上级最关注的：一是目的，二是目标，三是目标导向的工作重点，四是工作重点下的关键点，五是满足上级最关注的问题。在向上司汇报时，依次按照这个排序阐述清楚，大概的方向就没错。如果还不能把握，可以在汇报前先提问领导最关注的是哪些方面，根据其关注点来汇报。

作为上司，听下属汇报时，最抗拒的就是下属不顾自己是否关注，是否和上司的关注点有关，像小和尚念经一样把自己做了什么说一遍。我听到过很多上司对我说，听这样的汇报可真是受罪，下属说了这些或写了这些和我有什么关系呢？

因此，首先要问的问题，不是自己该说什么，而是上司关注什么。

「辅导下属的尺度是什么？」

“对下属的激励和辅导，怎么把握度？跟得太紧，让下属觉得我不信任他；放手让他做，有时候最终结果不是太理想。到什么度比较好，又不让团队内其他人感觉偏心某一个人？”

解答：

对下属的辅导，管理者要关注自己需要的工作结果是什么，以及会妨碍工作结果达成的员工能力障碍在哪里，并在事先做出辅导。可以遵循以下步骤：

①向下属解释任务本身：陈述让他完成的任务的目的和目标，并让下属复述一遍以确保你说的和对方所理解的目的和目标是一致的；

②询问下属可能会有什么困难，以及克服困难的方法，并确认对该任务而言，你们的讨论包括了可能会发生的所有风险和预防措施；

③和下属确认他需要你什么帮助，他到了哪个阶段需要向你汇报，什么问题他可以自行解决，发生什么问题你会干预和介入；

④如果有必要，可以让下属将这些记录下来并发送给你。

「怎样让下属说出实情？」

“我发现和下属谈话时，下属并不是很想告诉我真话。我该如何做才能让下属愿意说出真话？”

解答：

管理者首先需要问自己，你为什么需要员工对你说出自己的真实想法？如果你没有自己真正关注的工作目的，那么，员工是否对你说出真实想法，其实是无所谓的。

其次，怎样让下属愿意说出自己的真实想法，这个问题也需要先问你自己：

①你自己在怎样的情况下才愿意向他人说出真实想法？

②你有没有让你的下属进入你自己也需要的彼此信任的范围？

③在上下级的合作关系中，不是什么都可以说的。比如员工对你的真实看法，员工对工作、对企业的真实想法，因为是出于利益合作，所以未必那么开放。管理者需要理解这一点，允许自己和员工对彼此为维护和谐而做些保留。

13 领导力实践问与答（III）

这期选择回答学员提出的以下四个问题：

1）员工不认为自己能力需要提升，我怎么和他谈？

2）工作量翻番的情况下，如何帮助员工掌握新能力？

3）团队扩充中新老员工怎样融合？

4）员工挑活儿该怎么办？

「员工不认为自己能力需要提升，我怎么和他谈？」

“如果我想提升某个员工的能力，但他觉得自己工作没问题，且工作都完成了，就会出现沟通不畅的问题，怎么做比较合适呢？”

解答：

这个问题是员工并没有觉得他有提升的需要，而你把自己的意志强加给他了。所以最关键的是员工是不是自己有目的，自己有需求。如果员工还没有意识到他的能力有必要提升，那你必须先激发员工自己的上进心，你才能去帮助他提升。

我发现大家提的问题都有一个共同点，没有目的性。说的都是自己要拿员工如何如何，而不是员工要求如何如何。为什么会这样？如果管理者真的有很重要的任务让员工去做，管理者就直接让员工去做。如果员工完不成或者做不好，管理者再问员工问题出在什么地方，启发员工自己看到问题在什么地方。如果他不知道怎么去做，管理者再去帮助员工提升能力不迟。

所以辅导员工一定要按照以下步骤来整理自己的逻辑：

①管理者自己的工作目的是什么。

②管理者从自己的工作目的出发，才能衡量员工达成任务的能力是否不足，自己需要提升员工什么能力。

③同时员工是否也有积极性、愿意提升能力。

如果这三点都到位，那管理者帮助员工提升能力，才是成立的。如果管理者并没有自己的工作目的，员工自己也没觉得自己要提升，那这活儿就干不了。

「工作量翻番的情况下，如何帮助员工掌握新能力？」

"我们团队的工作量翻番了。可情况是，现在员工把基础工作完成都已经筋疲力尽了。我不知道用什么方法帮助他们掌握其他技能。但是掌握其他技能又都是工作的需要。"

解答：

首先用引导大家讨论的方式来让大家想办法：在工作量翻番的情况下，我们有没有什么办法保证工作能够完成，同时自己也不那么累。如果有办法的话，大家可以群策群力找出办法来。如果没有办法的话，大家一块儿讨论总比埋着头努力要好。

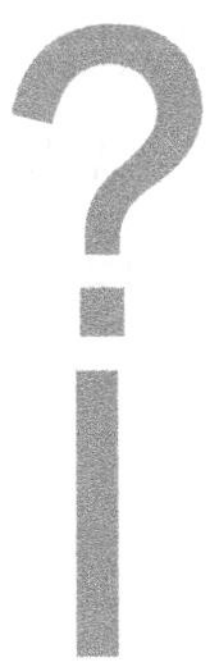

「团队扩充中新老员工怎样融合？」

“团队扩充，新员工加入，对老员工手上的客户会有所调整，但这样一来整个团队气氛就会紧张，新老员工的融合就会有难度。有什么好的建议，尤其是要求老员工把手里的客户调整出来分给新员工？”

解答：

新员工从老员工手里拿客户资源，这个问题本身就是侵犯了老员工的利益——如果客户就意味着考核指标和提成的话。因此，最好的做法就是，客户指标谁开发的就算谁的，新员工作为老员工的助理来介入。同时将客户资源都输入客户管理系统，大客户由两个员工共同负责。

「员工挑活儿该怎么办？」

“员工挑活儿，挑选的方向和他个人成长相匹配，但是与部门的规划有差异，为了保证部门的产出和员工的积极性，该怎么处理？”

解答：

员工挑活儿不是问题。如果你有机会，可以满足员工的需求，但作为交换条件，他也必须满足管理者要求他完成的工作任务。

14 领导力实践问与答（Ⅳ）

这期选择回答学员提出的以下四个问题：

1）重复性工作降低了员工积极性，如何激励？

2）如何与跨部门的高级别领导沟通？

3）如何和心气很盛的员工沟通？

4）员工对新工作缺乏能力怎么办？

「重复性工作降低了员工积极性，如何激励？」

“由于团队内日常重复性工作内容较多，挑战性和新鲜感相对较弱，团队内老员工干劲渐小，如何对其进行有效激励？”

解答：

在重复劳动的岗位，首先是挑选员工，要挑选内心对重复劳动的安全感有需求的人来担任这类工作。如果有人不喜欢这类的重复性的工作，要及早发现，及早调整或说服他们调整到他们自己喜欢的岗位。但在这之前，要完成新老交替。这是首要的。其次，这样的团队和谐和快乐的氛围很重要。所以可以多组织些让大家心情愉悦的活动。

「如何与跨部门的高级别领导沟通？」

“如何跨级和兄弟部门的大领导沟通？有时候不同的部门之间的利益点不一样，我们的级别又太低，感觉跨好几级和大领导沟通太困难。”

解答：

①找到对方的兴趣点和利益点，从对方利益出发来说明与其合作的事项对他们的价值。

②得到对合作事项的认可后，直接说出自己的诉求和建议，同时说出这样做对对方的好处。

③向对方提问他可能面对的障碍，商量如何互相合作来解决问题。你需要做什么，需要对方做什么。

④在排除这些可能面临的障碍后，商量行动计划：什么时间，完成什么任务。

级别高低不是问题。找到对方的兴趣点、价值点，同时帮助对方排除合作的障碍，才是关键。

「如何和心气很盛的员工沟通？」

“遇到个性和心气很强的员工，但领导对其工作不是很满意，应该如何沟通呢？”

解答：

用提问的方式，就事实提问开始与其沟通：

①提问这件事的这个结果是怎么发生的，什么原因，提出来有没有可能做得更好一些，需要这位员工来解决。

②当这位员工提出的解决方案不能解决问题，进一步提出你的担忧，让他提供其他途径的解决方案。

③如果你还担忧，就提出你的方案供他参考，直到他接纳或拿出更好的方案。

④要他承担结果——什么期限，交付什么样的数量和质量，并跟进他，及时反馈你的满意程度。

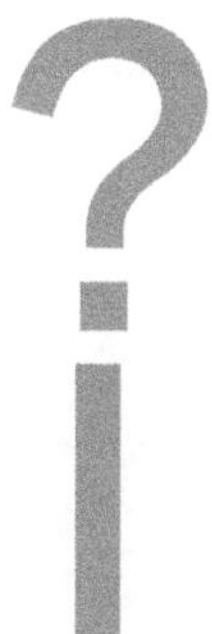

「员工对新工作缺乏能力怎么办？」

"团队项目调整后，有成员失去原本工作任务，失去目标，动力明显不足，此时更高一级主管又给我们团队布置了新的工作任务，但对于该工作任务我们团队皆无熟练的技能快速上手，我该如何帮助团队成员？"

解答：

团队项目调整后，要做的最重要的工作，就是带领团队共同确认新项目的价值和目标，并大家一起想方案、找资源，互相帮助。在这个前提下，管理者可以是团队的帮助者、鼓舞者，也可以担任资源探寻者的角色。

记住，最重要的是大家有对新项目的价值和目标的共识，并自觉找到办法。结果也许并不完美，但一定比管理者自己没有方向的忙活要好很多。

15 领导力实践问与答（V）

这期选择回答学员提出的以下四个问题：

1）如何处理员工的两面性？

2）在无考核的情况下如何调动员工积极性？

3）业绩要求高三倍，我该如何应对？

4）如何应对领导的关系户？

「如何处理员工的两面性？」

“员工有点两面性应该怎么处理？有热情，我和她沟通时，她表示对自己负责的分工没有意见。但是我意外发现她跟其他同事抱怨分工（偶然机会下听到的）。对于这样的员工需要单独沟通时指出这个情况，还是先假装不知道再观察一下她的日常，然后后续来调整？”

解答：

如果不妨碍任务的完成，就不是问题。如果妨碍任务的完成，你首先要提出来的是，你需要她达成什么样的工作结果，也需要表示自己愿意了解她有哪方面的需求和兴趣，愿意尽量满足。但这必须是个合理的交易，即你对员工的分工她需要支持，她对你的要求也需要支持。等这件事情过去后，你可以在其他场合表明你的这种双赢的管理风格。你唯一不能做的是出卖告诉你她真实想法的人。

「在无考核的情况下如何调动员工积极性？」

“在一个考核制度并不能充分激励和调动员工积极性的情况下（也就是员工干得好与很好或极好，在最终考核都区别不大时），请问需要如何调动员工积极性？因为我始终认为，大部分员工的最原始工作动力，一部分来自肯定或成就感，但大部分来自收入。”

解答：

考核制度不一定完美，甚至不一定正确，企业资源有限，这些是任何企业都可能存在的事情。管理者需要做的是，根据自己的工作需求去调动那些你需要调动的员工的积极性，并诚实地告诉员工，企业的制度未必完善，我们自己要做的是，完善自己的能力，做出自己的选择，并承担自己的结果。因为这才是我们安身立命的根本。

管理者不要试图去当员工的父母和上帝。诚实地对员工说明企业制度，无论好与不好，坦诚面对。鼓励员工采取对自己负责的态度。管理者的坦诚、鼓励和帮助，也可以是对员工的激励。员工会喜欢这样的管理者。

「业绩要求高三倍，我该如何应对？」

“我是跨区域提拔的管理者。当时新区域只留下一个烂摊子，业绩几乎为零。由于没有下属，所以很多琐事我还需要亲力亲为。现在前 4 个月的业绩已经超过去年全年业绩了，但是今年企业要求的是去年的 3 倍。大领导只看数据，觉得现在很差，请问这样应该怎么办，和领导的关系如何建立和维护？”

解答：

①把自己的业务进展的数据，与上个阶段的比较呈现给领导。

②告诉领导自己会继续努力。

③告诉领导自己的努力方向和方法。

「如何应对领导关系户？」

“我团队有个领导的关系户。他能力差，情商低，还天天想着取代我，跟同事经常起矛盾，工作不上心，开又开不了，领导不作声。我该怎么办？”

解答：

无论是不是领导的关系户，你要做的始终是你的工作，管理团队业绩达成的工作。我只能建议：

①把你自己的业绩和能力提升到不可能被替代的程度。

②然后再去找那个关系户领导“哭诉”——怎么样被刁难，搞不定。让那位领导先内疚，让他告诉你怎么收拾这个员工。

③你要是想收拾他，就要自己先告状，先告诉那位关系户领导自己将怎么做，为什么要这样做，可能会有什么后果。

④让领导知道，这位员工让你团队的人都知道他有领导撑腰，让你陷入被动。最后，事情很可能会向好的方向发展。

上篇

领导力行之有效

CHAPTER4

第4章

转化负面情绪

面对员工的各种负面情绪，管理者该如何处理？如何让员工保持良好的工作心态？员工的动力需要管理者来激发吗？这些问题，是本章希望引导读者了解的。

1／领导真的需要激励员工吗

> - 如何激励不善于沟通的下属增强沟通的意识和能力？
> - 如何激励在工作中受到挫折的敏感性格的下属？
> - 如何激励对未来工作迷茫的下属？

这里只是学员问我的问题里面极小的一部分。我想让大家看到，走上了管理岗的人，怎么就当上了“托儿所阿姨”，时时刻刻需要小心翼翼呵护员工，就像照顾幼儿园小朋友一样。员工的心理承受力真的退化这么严重了吗？

因为这类的提问和求助没完没了，找个案例出来阐述，反而约束了我说我想说的话。

我先提个反向的问题：管理者真的需要激励员工吗？我觉得不需要。

我带员工带了二十多年，似乎真没有刻意激励过哪位员工。为什么？因为我从来不认为员工是需要我呵护的“孩子”。他们有自己的渴望、自己的智慧、自己的能力。他们是为了实现自己的想法而和我合作的。我和员工是合作关系。我肯定无意中激励过哪位员工，正如无意中员工也激励过我，但那只是我们在彼此成全的合作中无意间完成的。我的经验是：当你用平等的态度信任员工，员工就不得不为自己的选择、为自己的行为负责。当你越不认为你是员工的“救星”，员工就越能自己成全自己。

我说自己的经验，肯定会有管理者不以为然。那好吧，我就请几个“大腕”来帮我做背书。

德国管理学大师级人物莱恩哈德·斯普伦格撰写的《个体的崛起》是一本挺有趣的书。我觉得有趣，不是冲着这本书在欧洲的销量超过 30 万册，而是因为这本书没有讲什么真理，更没有罗列什么理论体系。这本书只是对企业的事实做了真实而尖锐的陈述。读到这本书的时候正好有一位培训师正儿八经地表达自己如何追求真理，如何希望帮助企业改变。我调侃他：你连自己的真相都看不清楚，能知道什么是真相真理？连自己都改变不了的人，还企图改变别人？

我确实认为真相为先，真理次之。人若能知道真相，自然会调整自己的行为，以达到利己利他的目的。所谓真理，该是在知道真相后的自然而然。我摘录几条该书的一些关键论点：

1）整个管理学的思想体系，就是把对儿童的思想教育，转移到对员工的思想教育上。

2）一个人有什么权力按照自己的意愿去改变他人呢？是谁赋予了主管权力，让他们可以随意把员工训练成自己想要的模样呢？

3）帮助每个人找到合适自己的任务，这是对个人的最高尊重。

4）应该让每一位员工都认真回答，究竟在为谁工作？那些回答为公司工作的人是绝对不可能真正为自己的行为负责，也不可能有持续的工作动力。也许他忘记了，这是他自己决定的道路，那么，他应该为谁工作呢？

我非常赞同莱恩哈德·斯普伦格的观点。员工为自己的目的而找工作，为自己而工作，这就是真相，天经地义的真相。那么，管理者需要做的并不是激发员工的动力，而是帮助员工看到真相。也就是：每个人必须为自己而工作，必须是他自己的选择。管理者和员工的关系，是互相合作的关系。这样，管理者和员工才能回到自己的真实位置上。人一旦看到真相，事情就会非常清晰，管理者和员工就不会再彼此负向纠缠了。

老子在《道德经》里有几句对领导力的论述，我深以为然："太上，不知有之；其次，亲之誉之；其次，畏之；其次，侮之。"我就只解释一下什么叫"太上，不知有之"。意思是说：最高明的领导者，能让群众感觉到事情都是群众自己干成的，没领导啥事。甚至，在这个过程中，群众并没感觉到领导的存在。管理者要是能达到这个水平，算是管理的最高境界了。

我再谈谈《孙子兵法》中孙子说的"不战而屈人之兵"的道理：孙子把是否要开战分为三层：第一层，打不赢就不要打。第二层，打得赢，但是代价太大，杀敌一千，自伤八百，打不起，也不要打。第三层，如果打得赢也打得起，那也别着急打，看看能不能不用打就让对方屈服投降。

孙子讲的是打仗，我把这句话用于"带兵"也是成立的：第一层，对领导不了的人，就别去领导了；第二层，对领导得了，但是领导起来代价大到会自伤的人，也不要去领导了；第三层，如果是你领导得了的人，那就先看看能不能就不用领导了呢。

说到这里，我好像一直在说不领导、不激励为上的道理。没有回答我一开始就罗列的有关激励员工的问题。接下来我就试图回答如下问题：

- 如何激励不善于沟通的下属增强沟通的意识和能力？
- 如何激励在工作中受到挫折的敏感性格的下属？
- 如何激励对未来工作迷茫的下属？

上述这些难题中缺失了至关重要的问题：无论你是要激励员工沟通、

安抚受挫的员工还是指引迷茫的员工，都没有回答一个管理的目的问题：你为什么要激励他们？

是为完成某项工作？是为提升业绩？还是希望员工专注于工作？管理者如果没有这些目的，那大马路上有的是无精打采的人，管理者需要去激励他们吗？

如果管理者有自己的管理目的，那么，就请管理者把自己希望员工达成怎样的结果，细化到达成的时间，以及多少数量，怎样的质量，然后就把主动权交给员工：我需要你达成这样的结果，你是什么态度？有没有需要我帮助的地方？

管理者最需要做的是让员工看到你和他需要合作的地方，看到他自己的选择，看到他需要对他自己的选择负责。在这种时候，管理者的最佳定位，就是把你自己和员工当成在做交易 ——在一笔生意中互换价值。你越能这么做，员工越会独立面对自己的选择和责任。

当然，既然是做交易，就有做不成生意的可能性。员工可以放弃，也可以不接受，这都是他自己的选择，只要他自己能够承担结果就好。只是，一旦管理者觉得失去员工帮助，自己的事情就无法完成，那这位管理者就已经输了。这只能说明：这位管理者自己也是个幼儿园的孩子，他需要员工的照顾，而不是和员工形成成年人之间的合作。我的建议是：如果管理者感觉到这笔“生意”不好做，那就得准备更多方案来达成自己的管理目的。

我看到的更多现象是：管理者嘴上说需要激励员工的时候，其实是管理者自己被员工的负面情绪吓到了。很多管理者在急于激励员工的时候，往往并不十分清楚自己的目的，更不要说清晰地向员工要求精准的结果。管理者在自己被吓到的时候，就会希望用稳定员工的情绪来稳定自己的心情。管理者和员工之间，因为彼此内心深处的恐惧和不担当，会把彼此的关系处成了互相吓唬或者一方对另一方妥协。

还有一个需要问管理者的问题是：员工可不可以有情绪？当然可以。他们会自己消化自己的情绪吗？答案是：也许可以，也许不可以。如果管理者允许员工有情绪，但仍然坚持自己的要求，那就精彩了——那就是在信任员工的自愈能力和交付能力。管理者只能以自己内心的强大呼唤出员工内心的强大。当然，管理者也有和员工“交易”失败的时候，启动事先准备的预案，恪守管理的职责，应对“交易”失败。

管理者与其为自己的担忧而扑灭员工的负面情绪，并将其称之为激励，不如和员工平等地商谈价值互换的交易。交易成败不是关键，管理者用自我负责的行为倒逼员工承担结果，才是成长的关键。

最近看华为和美国博弈，深有感触。真正的赢家，都是源于自己的强大。当然，这件事和激励员工差出了十万八千里，但道理是一样的：管理者有目的、有目标、有预案地和员工谈合作，才能赢得团队业绩，同时也帮助员工。你不妨按照这个思路思考一下激励员工的问题：

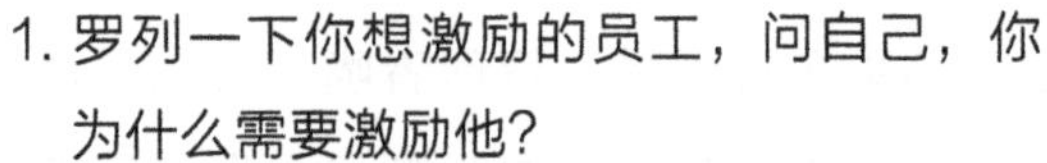

1. 罗列一下你想激励的员工，问自己，你为什么需要激励他？

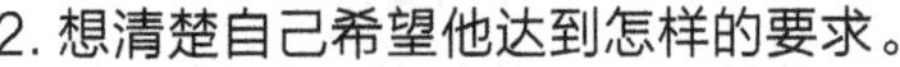

2. 想清楚自己希望他达到怎样的要求。
3. 想清楚他会需要怎样的帮助。
4. 盘点你可以帮助到他的思路、资源和能力，以便获得和员工的价值交换。

2 要是“画大饼”不管用，还能咋办

> 我团队有位老员工近来情绪低落。原因是最近和他一起入职的人被提拔到了管理岗位，他觉得被提拔者的业务能力不如他，却成了管理者，而自己仍然是一名普通员工，所以情绪变得消沉。作为管理者，我知道这位老员工这样消沉下去对完成工作不利，对他自己也不利，但他有自身的弱点，而且我也无法保证近期有管理岗可以给他，在这种情况下我该如何激励他呢？

员工情绪低落，会影响到工作积极性。管理者为了让员工达成工作结果，通常会采取一些方法消除员工的负面情绪。但如果员工情绪低落是因为升职或加薪这些管理者无法办到的事情，管理者就会被逼无奈地向员工承诺未来，也就是给员工“画大饼”。然而，“画大饼”会有效果吗？如果没有效果，还有什么更有效的方法能帮助管理者消除员工的负面情绪吗？

以下是管理者的不同观点：

A 观点：“我觉得‘画大饼’不靠谱。我对提拔谁只有推荐权，最

后谁能被提拔是我的上司和人力资源部门共同决定的。其实员工也知道他的顶头上司承诺的事是办不到的。我当员工的时候，我的上司也会给我‘画大饼’，我觉得他就那么一说，从没信过。所以说，‘画大饼’起不到对我的激励作用。我自己都觉得不靠谱的事，忽悠员工管用吗？所以不如实事求是。我会如实地告诉这位老员工：‘别人当管理者就搞得自己情绪低落，不但于事无补，还会让坏情绪影响了自己的工作。其实，与他人攀比才是让自己情绪不佳的原因。在职业场合，这样的情况总是时时发生的，不妨用这个机会历练自己的心态，设计自己的职业规划。’我可以鼓励他改进自己的弱项，下次提升的机会我可以推荐他。”

B观点：“我觉得是不是应该人性化一些呢？员工总是需要我们来激励的，这是我们的职责。我会告诉这位老员工，我会帮他争取机会。但升职的名额也是有限的，领导有领导的安排。我会一直留意升职的机会，帮他争取。他自己要改进短板，这样下次我推荐他才能成功。”

究竟哪种方法对这样的员工更有激励效果呢？

从方法到方法的提问是找不到答案的。因为方法不是问题本身，员工究竟需要什么？员工的需求和管理者达到的目的之间有怎样的联系，才是管理者需要先要搞明白的。也就是说，管理者先要去了解员工情绪低落的真正原因，而不是急于去扑灭员工情绪低落这个“火”，被“胁迫”地对员工承诺无法兑现的事情。我甚至认为，如果情绪低落的员工并没有因此影响工作任务的完成，管理者应该给予员工从情绪低落到情绪重新稳定的时间，尽量让员工依靠自己的力量去看清自己的需求，或者让员工自己来找你谈，管理者只要保持对员工的帮助和开放的状态就好，没必要用多余的行动去干涉员工自然成长的过程。

更重要的是，管理者必须搞清楚自己与员工之间关系的定位。即管理者在员工职业发展中扮演的是什么角色？管理者为什么要对员工的升职加薪负责？管理者把自己定位在包吃包住的“亲妈”“亲爸”的位置上，或者把自己定位成员工职业命运的掌管人，都是与事实不符合的。管理者和员工的关系，在级别上呈现出上下级的关系。管理者向下属布置任务，并确保员工交付有效的工作结果。在这个过程中，管理者是员工获得资源、提高能力的帮助者。那么，管理者在员工职业发展中应该扮演怎样的角色呢？员工需要的升职或加薪应该靠谁来实现呢？答案当然是靠员工自己。企业为员工提供的是平台、资源和机会支持，员工能不能获得更多的资源和机会支持，只有员工用自己的行为表现和工作结果去争取。员工自己才是自己职业发展的规划者和担当者。没有任何别人能够替代一个人自己对自己的行为负责。

这个具体的案例反映的是一个比较普遍的情况：当某个人被提升、换工作或加薪时会引起其他员工的情绪波动。但在很多情况下，这只是反映出员工对自己职业发展的迷茫，并不真正反映出员工的职业追求。一个真正有职业追求的员工的职业方向不容易因为外界的刺激而改变。反而是没有确定自己职业发展方向的人容易在外界刺激下对自己职业的未来感到困惑。一个没有职业发展主心骨的员工就像一辆不知要开向何方的汽车，看到别人拐弯，都会想是不是自己需要跟风。在这种情况下，管理者也慌不择路，用“画大饼”的承诺取代员工自己对自己职业发展的责任，是最糟糕的方法。这种做法既不能帮助员工看到自己的发展方向，又会造成管理者因为无法承担对员工的承诺而失去员工的信任，同时还养成了员工依赖管理者提携的不好习惯。

如果管理者需要找这样的员工谈话，正确有效的方法应该是怎样的呢？我建议可以尝试用以下步骤来进行：

1）不要急于去扑灭员工的消沉情绪，而是要鼓励员工说出自己情绪低落的真实原因，了解员工有没有自己的职业发展想法。

2）如果员工有自己的职业发展意愿，帮助员工了解需要哪些能力支撑，以及目前员工在这些能力上的准备情况。如果员工尚未确认自己的职业发展方向，可以和员工探讨往什么方向发展是他的兴趣和能力所在，以及他需要什么样的能力准备。

3）和员工一起讨论，在目前的工作中有哪些能力提升的机会是既对当前的工作有好处，也对他未来发展有帮助的。

4）询问员工需要自己的什么帮助和支持，并承诺自己对他能力发展的支持和帮助。

5）不要忘记让员工承诺用自己的工作结果来证明自己在为未来的职业发展积累能力。

6）可以在员工努力的过程中告诉他，自己看到了他为自己的未来在做真正的、踏实的努力。

“画大饼”是管理者对员工的无效激励方法。跳出这个自认为是“被逼无奈”的坑，管理者需要放下自己对员工情绪低落的担忧，去了解员工情绪低落的真正原因。员工在职业方向迷茫的时候，真正需要的是管理者能够帮助他一起分析和确认方向，鼓励和支持员工在当前工作中提升能力去赢得未来职业的成功。

放下“画大饼”式的承诺，思考以下问题，可以让自己走上帮助员工跳出职业发展困惑的正确方法：

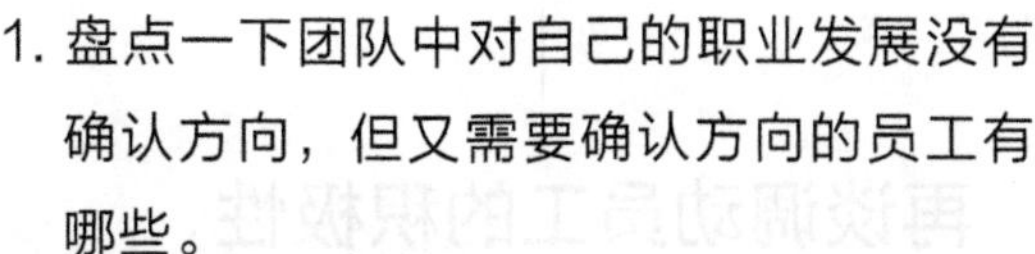

1. 盘点一下团队中对自己的职业发展没有确认方向，但又需要确认方向的员工有哪些。
2. 找一到两位在能力上你需要依赖的员工，试练一下这篇文章中所列的步骤，看看能否奏效。

3 再谈调动员工的积极性

> 我部门的这位老员工在公司待了十几年了，是在其他部门解散后转到我部门的。他做事不是很主动，上司安排了就做，不安排就不做。十几年了还是工程师。现在团队调薪什么的都不会考虑他。我就是想知道，我怎么能调动他的工作积极性？

在某个岗位工作多年的员工，对自己手头的工作已经驾轻就熟到了毫无新鲜感，但自身又并没有很强的能力和提升的动力。这类的熟练员工，往往是企业既需要又头疼的员工。管理者该如何调动这类员工的工作积极性呢？

这是在一次领导力课程上一位管理者提出的问题。以下是我和这位管理者的一问一答：

我：你手下的老员工怎么让你糟心了？

学员：他的工作积极性也不能说有多大问题，但他给我感觉像是在混日子。

我：混日子是什么样的表现？

学员：就是那种干到退休就行的状态。但我觉得他在能力上应该没有问题，希望他能做得更好。

我：他干到退休就行的状态碍你啥事了？

学员：碍我的事呀。他的状态对团队其他成员也会有影响。这种情况还需要激励吗？如果需要的话，用什么方法？

我：确认一下，你到底是想提高他的工作热情呢？还是希望他提升能力，干得更好呢？还是要保持团队氛围呢？还有，不是他积极性或工作能力提高，团队氛围就能更好的。这里没有逻辑关系呀。

学员：那还是谈谈怎么提高他的工作热情吧。

我：那你目前是怎么做的呢？

学员：目前没有采取任何做法。我不能承诺升职加薪，这种事情没有权限，我不能随便说。所以，怎么提升他的工作热情？

我：你是说提升积极性的方法只有两种，要么加薪，要么升职。他这么向你表达过吗？

学员：那倒没有。但他不求上进呀。

这是挺多管理者自说自话的转圈方式：从员工自驱力如何提升开始，经由如何提升其工作能力、如何改善团队氛围，转了一个大圈子后，就落在了升职加薪上，然后就以自己没有权限推脱，并画上了句号。这是什么逻辑？

我不想解释自驱力与升职加薪之间不一定画等号这种问题。就按照这位管理者所说，撇开他别的诉求，就谈如何提升老员工的工作热情的事。我请其他人帮着出主意。就有了以下几种观点的 PK。

观点 A：管理者需要先了解他的情况，看看他的动力点在哪儿，再加以激发。

观点 B：最关键的是管理者有没有创建让人兴奋的团队目标，让团队任务变得饱满。建立这样的团队氛围，不用针对这个人。

观点 C：团队领导的风格本身就是感染力。

“大家说的方法奏效不奏效暂且放在一边不说。我先问问大家：‘我们提高员工积极性的目的究竟是什么？是因为员工的工作妨碍了团队业绩目标的达成？是你看他不求上进的样子不顺眼？还是你担心别的员工会学他不求上进，妨碍了团队业绩的达成？’”我有些忍不住说道。

如果管理者强调团队氛围，那就和该员工是否有工作热情无关。管理者需要做的是自己调整团队氛围的工作。

如果是员工的工作状态妨碍了业绩目标达成，那你就得先和员工明确需要他达标的要求是什么，然后再和他共同探讨如何达标。没有多少讨价还价的余地吧。他被付薪水不就是得交付工作结果吗？这个案例中的员工应该不存在完成本职工作能力欠佳的问题。

如果是管理者看这种员工不顺眼。那就先问自己两个问题：①我们是否可以允许没有追求，只是按照要求完成工作的员工存在？②员工积极性是不是管理者关注的真正目标？如果第一个问题的答案是否，那就明确告诉该员工，让员工自己承担他应该承担的结果。作为管理者，要做好员工选择不改变，管理者选择换人的准备。如果这类不求进步的员工并不影响目前工作的完成，那管理者是可以允许员工按照自己对自己的要求工作的。

我在讲领导力课的时候，对怎样调动员工积极性这类的问题一再提问：为啥员工的积极性需要管理者来调动？管理者和员工的关系不就是在工作中位置不同的合作吗？有积极性就干，没积极性就走人，这是个多么简单的商业合作问题呀，却被我们自己搞得跟幼儿园里的阿姨与小朋友之间的关系似的。

每个管理者都要明白：员工积极性的高低，不是管理者的最终目的，而是达到管理者业绩目标的助力或障碍。管理者需要盯住的目标是工作结果，而不是为调动员工积极性而调动积极性。比较直接的做法是：

1）对员工把达到工作目的的标准传递到位，做到让员工能一目了然，这是让工作有效率的第一个关键工作。

2）如果需要通过调动其积极性来完成工作，那就先了解他能完成工作的“命门”在哪儿，而不是看他没有积极性的那个“坑点”。

3）员工没有积极性，所以无法完成工作任务，是他自己需要负责的。管理者需要告诉员工的是，合作不成功。员工来企业是为自己获得自己的收获而工作，如果因为某些原因而无法胜任，那么，企业和他之间的“合作”就是失败的。管理者要做的，是告知员工为自己的行为负责，自己负责处理该行为产生的对结果的影响。

为调动员工的积极性而调动积极性，是个伪命题。为达成业绩目标而发现并激发员工的动力点，才是管理者的工作。

管理者和员工的关系，不是成年人和孩子的关系，而是成熟的成年人之间的合作关系。各司其职，各负其责，才是管理者和员工之间平等而健康的关系。因此，请思考：

1. 当你谈及调动员工积极性的时候，你内心的真正想法是什么？
2. 你如何考量你是否调动了员工的积极性？

4 进入员工情绪的“雷区”

> 一位男性管理者想敦促一位女员工加快项目进度，但之前他们的谈话已经造成了女员工情绪失控。雪上加霜的是：这位女员工最近正好失恋，情绪很糟糕。在培训课上，这位管理者把这个难题抛了出来：我该怎么和她谈才能绕过她的情绪雷区，顺利推进项目进度呢？

员工会因为各种情况而情绪低落。管理者在什么情况下需要调整员工的情绪？怎样调整员工的情绪？这事，做得不好，比不做还糟糕。这事，要想做好，确实不是很容易。

我叫上来几位学员上讲台做管理者的角色扮演，并叫上来一位女学员来扮演那位情绪低落，又对自己的上司感觉不好的员工。我请上去的三位管理者的扮演者纷纷在一开场就败下阵来，这也是预料之中的事情。这活儿怎么干？确实不易。如果一上来就询问她最近有什么情况，她能愿意一把鼻涕一把泪地向不对付的男领导哭诉自己失恋了吗？

但如果一上来就闲话少说，直奔项目，又显得很没人情味，遭女员工不满。左也不是，右也不是，还能怎么办？试试绕圈子抚慰她的情绪？女员工的扮演者反馈，经理的谈话让她生疑：上次你来硬的，这次你来软的，你安的什么心？

辅导员工的方法和步骤在职业经理人群中推广了很多年了。记得有一年葛兰素史克把那一整年当作“员工辅导年”来重视，每个季度邀请我用 2 天时间来对管理者进行 GROW 辅导模式的训练。我先说说管理者对员工辅导的 GROW 步骤的内容。这个模式要求管理者做员工辅导要按照以下 4 个步骤进行，以期获得管理者期望的结果。这 4 个步骤是：

第一步：建立目标（G—goal）；

第二步：探索问题（R—reality）；

第三步：探索改进方案（O—options）；

第四步：总结与跟进（W—wrap-up）。

说实话，我真没见到有多少管理者在此项能力上有多么大的改观。因为辅导员工的能力虽然是领导力的基本功，但直面员工实施领导力，比制定个流程、建立个规章制度，要难得多。员工辅导是一个心理疏导加能力辅导双管齐下的工作。心理学的活，由心理医生来干也未必奏效，但心理医生与病人不存在工作合作关系，所以心理医生面对病人的态度会客观得多。让为项目推进着急上火的领导憋着性子哄员工干活，连我自己都不乐意做，我怎么教学员做？

学员们把眼光投向我，那意思是说：第一步，建立目标（G—goal）都还过不去呢，下面几步怎么走？现实中不是什么员工我们都能对付的！老师你也未必有招吧？

好吧，那我就先不和女员工的扮演者演习了，先解决管理者自身的问题。以下是我和那位有畏难情绪的管理者的对话：

我问：你真的想和她谈话吗？

他答：其实不想。但没办法。

我问：你心里是什么感觉？

他答：压力很大。

我问：你为什么感觉有压力？

他答：我怕她不高兴。我不知道怎样谈她才会高兴地接受。

我问：在你心里这是一种什么感觉？恐惧？无助？

他答：是担心，也有无助。

我问：你能看到你自己的无助和担心吗？站到这团无助和担心中去，面对它，体验它。什么感觉？

他答：浑身发紧。

我问：你敢和她说真话吗？

他答：不敢，这样我不是显得没能力了吗？

我问：所以你一上来就和她公事公办地说，今天我找你是谈工作的。她觉得你很没人情味，其实你这不过是自我保护，不是想对她没人情味是吗？

他答：是，我不敢涉及她的情绪问题，我招架不了。

我问：那你到底想要的是什么？

他答：其实我要的就是她高高兴兴的，我也能了解项目进度，提供帮助，让她能按时完成项目。

我问：那你试试，就这么说，看看对方怎么反应。

他答：那好，那我试试说实话。

我让他面对女员工的扮演者，把刚才对我说的话说出来。于是他诚实地说："我不懂怎么安慰你，上次就不会做，惹你不高兴了。这次要找你谈工作，我心里挺有压力的。我其实很想让你开开心心的，也能让你顺利推进项目。你说我怎么和你谈，才能让你开开心心的呢？"

女学员的扮演者说，这一次管理者这样说话，让她感受到了他的真诚，感觉两个人的心贴近了，两个人关系的僵局就可能被打破。

我这可不是现场抖机灵。我运用的是自我觉察的技术：即管理者得让自己先贴近自己的心，先感受自己的感觉，先弄清楚自己的感受和自己想要什么，而不是被困在担心和无助的负面情绪中走不出来。

贴近自己，也就贴近了员工。这种贴近，就是主观和客观的吻合。真实，就一定高效。

在管理培训中，不少培训师都在用 GROW 模式来改进管理者对员工的辅导方式，也就是用正确的行为模式来改变低效的行为模式。这个模式应用的是所谓的行为改变（behavior change）的方式。用行为改变导致结果改变的设想，应该是 20 世纪 70 年代提出来的。只有改变自己的行为，才能改变事情的结果，这个想法当然是对的。但是，管理者面对的员工情况千差万别，生搬硬套 GROW 步骤，未必能走进员工的心。

我使用的自我觉察（self-awareness）技术的奏效性，已经得到了越来越广泛的认可。自我觉察的概念和方法被引入教练技术，是 2005 年才开始的事情。所谓自我觉察，意思是说，一个人首先需要的是了解自己的真实感受，将自己潜意识的内容显化到意识层面来。自我觉察的技术，强调管理者先把握对自己内心的感知和对自己的知晓。其实也就是老子所谓“知人者智，知己者明”这个道理。落实在员工辅导中就是：不要先问员工怎么了，先问你自己怎么了，这样离真相、离员工会更近些。

你可以按照以下步骤，准备一次员工辅导谈话：

第一步：建立目标（G—goal）

先弄清楚

1）你需要达到什么目的；

2）员工目前的状态；

3）员工达到你的目的可能需要的能力辅导和你的支持；

4）你的感觉。

然后：把你准备的话说一遍给自己听，看看自己作为对方，能否顺利地接纳。（如果真的认真模拟，不妨找个人来说给对方听，看看对方的反馈）

第二步：探索问题（R—reality）

如果存在问题，用对事实提问的方法，不用指责的方法，效果会好很多。

第三步：探索改进方案（O—options）

关键在于：要让员工自己说出来自己如何改进，而不是你告诉他。如果员工的想法不会奏效，用提问的方式来启发他探索更奏效的方法。

第四步：总结与跟进（W—wrap-up）

跟进的要素包括：什么时间、用什么方法、做什么事情、需要什么支持、交付什么样的结果。

5 企业变数中，如何帮员工自处

> “为了更好地应对行业变化和战略升级，企业市场部进行了一次重大架构调整，企业各部门都面临人员重组、调岗、团队转型等诸多问题。我部门似乎是这次架构调整的“重灾区”，遇到了工作内容和工作岗位的双重调整。团队进行了一次优化，有些员工调岗 ，又引进了新的人才。这些举措无疑对企业发展有很大价值，但在团队内部，员工感到人心惶惶。有位很有创意但缺乏产品营销经验的骨干员工觉得自己无法承担新的工作内容，且对新的工作方向不感兴趣，提出了辞职申请。但我作为管理者却很清楚地知道，未来的团队工作需要他留下来。”

企业变动虽然不是常态，但也基本上是进入职场就可能面对的事。员工在企业的变动中会感到迷茫或无所适从。作为管理者，怎样做才能稳定军心，把企业的变动化为对员工的正向激励呢？

这位管理者说他的做法是：

1）激发这位员工对产品营销工作的兴趣；

2）让他认知到自己在创意策划和文案方向上的突出能力，提高其胜任新岗位的自信；

3）让他认识到企业的结构优化以及成员重组，是为了互相成就和有更好的发展，打消他辞职的冲动。

这位管理者说道："我考虑，这位员工面对的是非主动转岗。这让他遭遇了双重冲突：一是新的工作内容和方向的转变与其原工作内容定位有重大不同。他没做过新的内容，所以存在恐惧情绪。其实创意思维是相通的，他本身在策划和文案方面就有很强的能力，只是他没有发觉，这种能力也是可以用到产品营销上的。他认为产品营销推广和销售是枯燥乏味的，没有在正确的思想高度上建立起对营销工作实质的定位，以及创意与创意营销之间关系的定位。即创意再好，卖不出去都没有价值。二是团队员工的工作调整导致的人心惶惶对他希望和谐的心态也是很大的冲击。他认为团队拆分是一件不好的事件，但实际上这是为了更好地成就彼此，是一件好事。"

这位管理者又说道："我和他的谈话是在下班后，找了个酒馆坐下来，和他进行了一次坦诚而深度的沟通。我首先告知了他团队转型的深层原因——团队需要承担更多的责任，需要与公司战略更加靠近。然后引导其思考如何达成对他个人能力与新岗位匹配度的认知。并以个人经验做案例，详细告知对其未来能力的培养和指导计划，以及如何帮助他在新岗位上快速适应并提升个人能力。还和他详细说明了产品营销的工作含义、乐趣和新工作与他原有工作之间的关系。"

"你觉得你这样做他的工作，效果怎么样？"我问。

"暂时是留下来了。但我觉得我还是要关注他今后的情绪变化。我还不敢放下他不管。"这位管理者道。

"你担心的是什么呢？"我问。

“我怕他遇到个风吹草动，又会动摇军心。毕竟靠一两次谈话，不能彻底解决问题。”这位管理者说。

“你觉得这是他的问题，还是你的问题？”我问。

“他有他的问题，我有我的问题。他担心的是职业发展，我考虑的是团队需要有能力的人来完成工作。”这位管理者回答道。

“你是说，如果他不能定下心来，就会妨碍到你的工作，对吗？”我问。

“对，我认为这正是我担心的。难道这不对吗？”这位管理者回答说。

在这个案例中，我并没有在管理者和员工谈话的内容上做解析。我和那位管理者确认的事实是：如果员工不能定下心来，就可能会妨碍到管理者的工作。这才是真正的问题。

我是说，管理者如果不能够将自己的目的和员工的情绪分开来处理，陷入自己的目的和员工的情绪之间的互相纠缠中，这个问题就得不到清晰而果断的有效处理。管理者目前的逻辑是：如果员工不安定下来努力工作，就会给他自己的团队管理造成麻烦。这个逻辑对吗？也对，也不对。这怎么讲？因为不同的管理者遇到同样的问题，大概率上会有以下这么几种可能性，而这位管理者所说的情况，只是其中的一种：

1）员工情绪不稳定，会影响到管理者团队目标的达成；

2）员工情绪不稳定，不会影响到管理者团队目标的达成；

3）员工情绪稳定，管理者就能够达成团队目标；

4）员工情绪稳定，管理者照样不能达成团队目标。

如果这四种情况都可能出现，管理者为什么非要把员工情绪和自己管理目标的达成这两件事情混为一谈呢？难道管理者的目标达成与否，非得和这位员工的情绪扯上关系吗？

我们可以先放下这位员工的情绪稳定与否，先考虑在这位员工的营销能力缺失的情况下，甚至在没有这位员工的情况下，管理者自己如何达成团队目标。我们可以放下员工情绪是否稳定这个问题，先为自己的目的达成总结一下方法，目标导向地、创意性地想出至少三个替代方案来弥补这位员工的能力缺失，甚至到位缺失。比如，组合产品创意能力更强的员工和营销能力更强的人，形成互相配合来完成同一个岗位责任的工作模式。这样也就不用让这位员工对自己不会的工作内容那么担忧了；又比如，如果这位员工要离职，可以和员工商量一个让工作顺利延续的方式——你去招聘新的人，他承诺你可以留岗一段时间，有个新老接替的缓冲期。作为交换，你可以托人帮这位员工找新的岗位，或写一封对他有利的推荐信；又比如，这位员工腾出来的位置，你可以放胆去想新的组合方式。岗位责任，不必非要拴在一个人的身上。企业要的是结果，不是这位员工或那位员工能身兼数职。

我不是这位管理者所承担的工作内容方面的专家，因此上述方法未必适合他。我只是说，放下这位员工去留的问题，去想没有这位员工自己该如何处理自己的问题，才是首要的。这位管理者因为员工的情绪波动，导致自己也陷入了恐慌之中。为了平复自己的恐慌，他就必须去搞定这位员工。这样，他就把搞定某个特定的员工和自己的成败紧紧捆绑在了一起，再也不去看别的可能性了。在这种情况下，管理者自己的内心是不可能强大的。一个内心不够强大的管理者去做员工的工作会怎么样？自己的弱势气场很容易会被员工感觉到。那在大概率上会有两种结果：要么管理者说服不了他，因为他能嗅到管理者是因为恐惧而劝说他留下；要么就是员工能下意识地利用管理者的恐慌，不断用自己的恐惧折磨管理者，互相吓唬着让这事没完没了地持续一段时间。

其实，企业高层领导在做企业变革的时候，是预料到会有人心惶惶的现象出现的。这不是任何管理者的问题，这是企业在变动中一定会出现的问题。如果这是企业变动的规律，管理者没有必要为规律而恐慌。谁会为换季时的气候变化或刮风下雨而惶恐不安呢？

管理者在完成了对自己的问题的解决方案后，在自己有了底气后，再来面对员工的情绪问题，那么，这时候管理者对于员工来说是什么角色？跳出了“你要是落水，我也会落水”，所以我得拜托你别落水的“怪圈”，管理者才能成全自己在员工的职业发展中的帮助者角色：帮助员工分析利弊，探索职业发展方向，从容地帮助员工抓住机会。

做一个帮助者，会怎么做？要帮助别人，先要了解别人。了解别人，先要聆听别人，真正去听明白，员工是一时的恐慌呢，还是正好也遇到职业发展瓶颈，企业变动只是对他的刺激罢了。不同的员工会有不同的情况。只是，无论员工是出于什么情况产生了情绪波动，了解真实情况，理解其真实状况，是引导他做出对自己、对团队都是最佳决定的前提条件。员工需要为自己做决策的勇气，更需要自己担当结果的勇气。管理者能做的是帮助他分析清楚情况，同时也直率地说出自己的希望。因为这时候管理者的成败并不依赖员工的决定，所以管理者和员工之间才能形成真正互相独立而又合作的健康关系。健康而有效，才是员工和管理者摆脱恐慌，各就各位的正道。

企业变动、管理者目的、员工情绪，是三个不同层面的问题。但往往企业的变动会导致管理者和员工的情绪波动。管理者从互相纠缠的情况中摆脱出来的方法就是：先想明白自己的目的，以及解决自己的问题的有效方法，再来面对员工的情绪。

我建议在这种情况下，管理者起码给自己三个以上的选择。然后以帮助者的心态来帮助员工摆脱情绪波动，达成自己和员工的双赢合作：

1. 回想一下，你在遇到企业的变化的时候，你是如何自处和帮助员工自处的?
2. 用以上所教的方法来尝试解决你的情绪和员工情绪之间的无效纠缠。

6 “996”不是问题，老板意志下的“996”才是问题

> 周末将至，上司突然布置了一项任务：下周的公司总裁会议需提供市场数据，需要我部门员工将数据整理出来。但这时团队成员已经因市场活动的准备和展开忙了两个月，每个人都加班加点、疲惫不堪。我作为团队管理者，一方面要满足上司需求，另一方面也需要顾及员工们的状态。我说一下在这种情况下我是如何动员大家周末加班的。

马云在回答“996”的问题时说：“能做 996 是一种巨大的福气，我肯定是 12×12 以上。希望阿里人热爱你做的工作，如果你不热爱，哪怕 8 个小时你都嫌很长，如果你热爱，其实 12 个小时不算太长。”其实不用马云鼓励，员工加班这事演化至今，已经变成管理者拿来评价员工是否全情投入的尺子了。但员工呢，我相信哭着闹着非加班而后快的大概没几个，更多的人是对加班敢怒不敢言。一方面，996 已经成为企业的普遍现象；另一方面，在岗泡时间做样子给老板看的人比比皆是。加班未必提升工作效率，但不加班，管理者就更担心工作效率。这是怎样的一种死结式博弈？

“我觉得这事对我也是有些勉为其难。我怎么和员工说呢？所以我干脆就用邮件发加班通知。我在邮件中首先向大家说明周末加班的内容和重要性，其次说明加班从几点开始，几点结束，还说明了每个人负责的每项具体工作内容。为了确保大家沟通无误，我还在邮件中提醒大家收到邮件后需要回复来确认收到通知。我觉得上了职场就得是目标导向，有时甚至是要放下同情心的。用邮件系统下发加班通知，可以避免人情纠缠，能够提升工作效率。”

“你觉得员工加班重要，还是高效地交付工作结果重要？”我问他。

“我要的当然是高效的工作结果，所以我才下发加班通知的呀。”他答。

“让内心有抵触的员工做事，对其需要交付的工作结果，会有影响吗？”我继续问道。

“肯定会呀。所以我才避免当面下达加班的指令，让他们自己先消化一下情绪，再面对需要加班这件事。”他说。

“这样吧，你告诉我一件你不想干的事。”我说。

他一头雾水看着我，然后慢腾腾地说：“半夜起床给孩子冲奶粉这事，我最不喜欢干。正熟睡的时候被老婆捅起来冲奶粉，太难受了，我们为这事老吵架。”他答道。

“那就让你老婆别半夜捅你起床，改前一天发邮件通知你，并在邮件中充分说明半夜起来给孩子冲奶粉的重要性。你有情绪？没问题，对着这份邮件先消化一下情绪再说。怎么样？对半夜起来给孩子冲奶粉这事是不是没情绪了？”我说。

“老师，那您的意思是？”他有些转不过弯来，问道。

“你是钢铁直男啊！我的意思是说，用发邮件的方法根本无法调整你的员工的情绪，而员工的抵触情绪会影响工作结果。”我说。

“哦，那我是否要先找骨干员工谈加班的事？骨干员工的支持对大家会有带动作用。”他问。

“你觉得加班好谈呢，还是工作结果的达成好谈？大家抵触的究竟是什么？是对工作结果达成有抵触呢，还是对加班有抵触？”我问。

“我相信大家对需要达成工作结果没太大异议，大家抵触的是加班。”他答。

“那你为啥不谈需要达成的工作结果，却去强调加班呢？加班是目的，还是方法？”我继续问道。

看他有所领悟，我就接着给他出主意：你可以和大家商量，上司提出下周总裁会上需要提供市场数据，我们讨论一下，用什么方法整理数据最有效也最省时。注意，需要讨论的不是加班，而是用什么方法能最省时地达成目的。你可以在听取大家提出的方法后，再征求大家的意见。什么人负责做什么事，什么时候完成，都让大家讨论。如果大家提出需要加班来完成数据整理，你就接受大家的建议，商量加班时间。如果有人提出有办法不加班也能整理完数据，这样更好。只要确保数据整理能万无一失就行。但如果员工提出加班，你要表达感谢，最好还能一起聚餐犒劳大家。

他恍然大悟：“哦，老师您这是让大家觉得为达到工作结果而去整理数据，把加班这事给淡化了呀。您这是偷梁换柱呀。”

我可没做偷梁换柱的事情。我只是遵循做事的逻辑：加班是方法，并不是目的。管理者需要和大家商量的是如何高效、省时地整理数据。如果大家提出需要加班，加班就变成了顺水推舟的事，而不是管理者在命令大家加班。管理者做的只是交付任务，然后在员工的行动中扮演引导者和感谢者的角色。

人都乐意为自己的目的做决定、做取舍。没人愿意自己的决定让别人来做，尤其是优秀的人，更不喜欢自己的脑袋长在别人的肩膀上。让员工为达到目的自己做决定，符合人性规律。

有人会质疑：那么多员工不愿意加班还仍然加班，不就是因为老板的要求吗？是否喜欢不都得加班吗？但被迫加班的员工也是在为自己的目的做出不情愿的抉择，心理上是拒绝的。为什么不情愿？因为这不是自己的决定，是老板的决定。为什么只能做出加班的决定？不是为了老板，而是为了能保全自己。试想，在这种不情愿的“驱动力”下，加班这事，究竟会有多大的效力，就变得很可疑了。就算延长工作时间确实能增加一定的工作效率，那也带有“杀敌一千，自损八百”的后果。我是说，但凡人是在不情愿之下被迫做事，积累到一定程度，不是情绪上的爆发就是身体上的崩溃。不情愿越强烈，反作用力也越强烈。长此以往，对人的积极性和企业的效益都会产生各种各样的不利影响。

说到这儿，我想我这是在帮助老板和管理者想办法，让员工顺着自己的意愿加班。但同时，我说的和马云说的肯定是有很大不同。马云说自己：“我昨天回到家 1 点钟了。为什么？我自己选择的路，没有什么抱怨，不抱怨，这是我的选择。”以己度人地安排一下，马云就希望阿里人能像他一样热爱工作，“如果你热爱，其实 12 个小时不算太长”。

马云说的确实是事实，但只是一部分的事实。对于他自己是事实，对于他的员工不一定是事实。马云作为老板，企业是自己的，事业是自己的，自己做出加班的决定，确实是一种心甘情愿的选择。但作为员工，企业不是自己的，事业也不是自己的。也许不少员工并不是为了一份伟大的情怀来阿里上班。但是这可以允许吗？如果不允许，所有互联网巨头都肯定无法招满员工。因为平凡的人占大多数。

管理者以自己为榜样来说事，让他人跟随自己的前提条件必须是别人和自己是同一类人。但人就是不同的，每个人都只是他自己，不可能是马云的复制品，不可能学习了马云去加班就能达到他自己的目的。但在人性的层面上，有一点是通的。那就是，马云为了自己的目的而自主决定加班，所以心甘情愿。作为管理者，能否让员工也可以为了自己的目的自主选择以加班的方式，或者不以加班的方式来达成目的呢？

当管理者强行把自己的目的和自认为合适的方法同时塞给员工，并把加班作为衡量员工努力的标准时，员工的“心甘情愿”就会减弱，甚至消失。当员工不心甘情愿时，真正的问题就来了：对员工来说，要么被迫加班，要么不加班被淘汰。对企业来说，当加班变成了衡量员工努力的唯一标准，业绩如何就会变得不那么重要了。不是吗？我看到很多企业的管理者表示，我情愿选择一个天天努力加班但不是很聪明的人，淘汰那种虽然聪明并超额完成任务但就是不努力的人。

谁敢说员工加班，企业就能得天下？得人心者，才能得天下。

7/ 分配任务不一视同仁引发的抱怨

> “我把一项非常重要并在董事会上能够亮相出彩的期货分析报告的任务交给了在外商投资金融部工作过、对国际金融业务有相当丰富的经验的一位员工来完成。结果也不出我所料，他把这项工作完成得很不错。但他在个性上有些独来独往、高傲自负，和部门内的同事关系不太融洽。过了不久，我听到部门里有人议论说我偏袒这位员工，把向董事会提交报告这么重要的任务交给了他，让他获得独享董事会的肯定的机会。而别人议论的部分原因，是这位员工因此更加骄傲自负而造成的。我如何做才能兼顾团队氛围，保护好其他同事的工作积极性？”

管理者会遇到因为在分配工作中无法“一视同仁”，导致团队成员之间各种议论，甚至影响到团队成员之间的合作关系的情况。管理者应该如何处理这种情况？

我在“分配工作惹出的风波”中，将分配工作任务须将员工的优势与任务的特点做匹配的原则为大家分析清楚了。没看到上篇文章的读者可以回到“领导力基本功”这一章的第 3 节。在这篇中我们讨论的是，当管理者按照原则分配工作任务而引发了团队的负面情绪反馈，该怎么处理。

我找了些学习过分配任务的原则的管理者来面对分配任务后的“团队后遗症”这个更大的挑战。以下是我节选的几位管理者的观点：

管理者 A 选择事后弥补：“这个案例，如果现在让我来处理的话，就会暂且不理会其他员工的议论。任正非说过，华为从来不养百灵鸟，把业务做好才是真王道。但是为了团队士气，我会找一个近期比较重要的项目，让每个人出一个方案来做比拼，谁做得好谁上。这样既调动了员工的积极性，又让他们自己明确自己的定位。”

管理者 B 主张用沟通的方法：“这种问题在公司里很典型，比如，谁被分到了好客户，谁就能做出成绩。但作为领导，把合适的人安放到合适的位置才是对的。我会和每一位员工沟通，帮他们了解自己的发展方向，在他们发展的方向上给予机会。人和人的能力肯定是不一样的，每一项任务一定有最合适的人选，而问题就在于如何协调其他眼红的员工。我个人觉得主要的途径还是沟通，在分派任务之前，我会对每个人的心思有一定了解，会根据不同情况，分别做一些疏导。比如，员工都想获得好的成绩和机会，但其实不是所有的员工都愿意为此付出时间和努力。”

管理者 C 主张干脆直来直去：“其他人议论，原因是对承担工作的人的不满和嫉妒，和我布置工作这件事情没什么关系。我会和员工说，你行你上，你不行就别说闲话。然后对小王说，你的高傲影响到了团队团结，马上要改，绩效考核在看结果的同时，也会考核沟通这类软能力。不过我想我这样说话，这位员工和其他员工都要开始恨我了。然后我就会开始考虑是否要费那么大的力气去搞这个团队氛围，还是做专业比较好。不过，我觉得我在策略上没错，语气上人性化一点就行了。”

其实很多管理者都知道，分配工作的目的是获得最佳工作结果，不是为了对公平公正负责任，更不是平均主义。结果证明该管理者分配工作没有问题，但如何处理团队的负面情绪，是个问题。团队的负面议论是什么原因造成的？是因为能力强的员工得到了机会，因此得到了认可，让其他人心存嫉妒吗？那管理者就该开诚布公地向全体员工说明自己分配工作的原则：管理者必须对工作结果负责，所以分配工作的原则就是谁能力合适，就选择谁来干。

可能有人会说，我的能力也合适，为什么偏偏选择了小王？

我会回答：那说明你没有在我面前充分证明自己的能力。你得证明给我看你是“千里马”。

管理者这样的回答肯定不会让大家都心平气和下来。所以接下来的问题是，管理者能接受大家的情绪吗？我选择接受。大家还是不服是吗？我觉得这不是问题，任何情绪都允许存在。大家的不服情绪的存在，其实也是好事，说明大家都有积极进取的心态。正如有人有自负自傲的心态，我觉得也可以允许存在。但自负自傲的人也要接受，自己的这种心态会遭到大家排斥。只要你乐意承担遭到排斥的后果就好。

推理一下，这样做的结果会是什么？其一，管理者将分配工作的方法告诉了大家，让大家清楚知道如何竞争到自己想承担的任务；其二，允许大家的情绪存在，才能让大家变得松弛，反而让情绪容易得到疏解；其三，能力强的员工在得到业务上的肯定的同时，也看到了自己的态度引起的团队成员的反感，而这是他自己必须承担的结果。只有让他看到结果，才会自我反省，从而引起两个结果：要么承担结果，要么改变自己。

管理者不必为员工的负面议论而改变自己的正确做法，但需要将自己做事的方法公之于众——相信员工会因此学会如何与自己配合。只要管理者的做法是公开透明且公平公正的，员工会为自己的需求调整自己的行为。

对团队存在的不良情绪或议论，管理者可以用允许存在的态度，让员工面对这样一个事实：负面情绪的后果需要自己承担。

教练技术里说的自我觉察（self-aware）和自我负责（self-responsible），意思是说，管理者辅导员工的最大价值，并不是教会员工某项技术，而在于自己对员工产生的真正影响。启发员工的自我觉察和自我负责精神，让员工学会承担自己的成长和把握自己的情绪，成为独立而善于合作的人，这才是辅导员工应该达到的效果。你不妨问自己以下问题：

1. 你的团队成员存在哪些负面情绪？
2. 你选择用怎样的方式让团队成员自己担当责任？

8 无趣的领导也能让团队出彩

“我的团队是个长年累月按工作流程运作的后台支持部门，员工们循规蹈矩，日复一日地按照流程处理手头工作。上级每个季度都要对该部门进行业绩考评，经理每次面临考评时也是煞费苦心，但很难“出彩”。员工们对这样的考评也不以为然，认为这是经理的事，与自己没有什么关系，只是把个人小结一交了事。我总是想借一个机会，找到一种方式激发员工的工作热情。正好季度业绩考核又要开始了，我准备改变一下从前那种由经理一个人向上级汇报的方式，让骨干员工小张、小李、小赵参与到组织汇报的过程中来。”

认真负责的领导在自己的团队会很有人缘。但这类性格的管理者往往做事缺乏弹性，带团队多少会让大家觉得无趣。虽然管理者自己的性格有些无趣，但是也能让团队焕发热情，这是怎么做的？

“我的做法如下：首先将这三个人召集到一起开准备会议，以成立考评汇报小组的方式形成一个作业单位，并提示三人考评工作的责任和重要性，以提升他们的荣誉感。然后，我在部门布置业绩考评总结时告知全部门此次考评汇报材料改变了汇总方式，由考评汇报小组完成，并宣布本届小组组员的构成。我还告诉大家，以后类似的工作都采取这种工作小组的方式推进，小组成员由适合该项目的员工构成。最后我还根据这三人的不同特长，对任务进行分解：小张文字好，负责文字整理、修改、合成工作；小李对数字很敏感，负责数字统计分析工作；小赵是公认的 PPT 高手，汇报幻灯片由他制作，并要求每项工作都由该项执行员工署名，以此再度提升责任感和荣誉感。”

这位管理者很认真严肃地阐述完以上步骤后问我：老师您觉得我这方法怎样？

我问：你觉得那三位员工很有积极性按你的指令完成任务吗？

他答：还好吧，没有抵触也没有不认真做，结果也是能完成的。

我问：完成了什么结果？

他答：就是让那三位员工成功地完成向上级汇报的工作。上级也没提出有啥不好的地方，我觉得完成任务了吧。

我问：你的目的是什么？成功地向上级汇报？还是调动了团队积极性？

他答：都有吧，反正这事没出啥纰漏。

我问：你和我谈这事的目的，是不是问我如何调动团队的积极性，不是如何向上司汇报？你想借向上司汇报来调动团队积极性？

他答：噢，是的。那就是我做着做着就改变了目的？

我答：你没改变目的。认真负责地做事，保质保量完成任务，本来就是你强项、你的风格。你无论怎么做，都逃不出你自己骨子里那层意思，这挺好。我也不觉得你的团队有太大问题。只是你同时还希望，能让团队活跃气氛，让大家更有热情，是不是？

他答：确实是。

我问：你似乎是个认真负责但挺无趣的人。你们团队有比你有趣的人吗？去求他帮助你吧。随便做点啥有趣的事都行。这样做，说不定才是调动他人积极性，让他人发挥特长来弥补你不足的方法。

他若有所思片刻，眼睛泛起笑意和亮光。

> **管理者不是完人，但却希望事情完美——要工作结果好，又要团队氛围好。一个可以实现双重目的方法是：理解和锁定自己所有希望达到的目的，同时看明白自己的短板和他人的长处，借助团队成员的长处，实现取长补短的合作。**

读者可以遵循以下问题来思考，创造自己希望的完美结果：

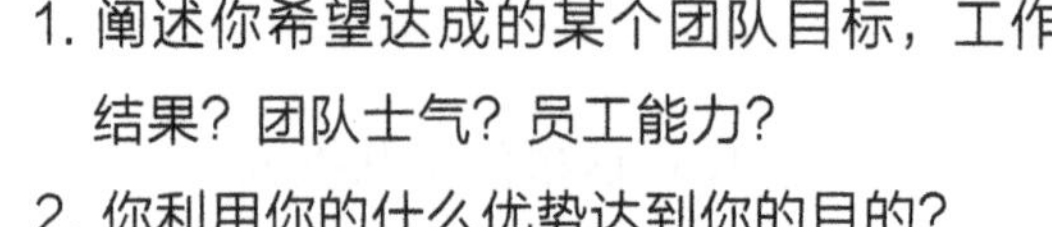

1. 阐述你希望达成的某个团队目标，工作结果？团队士气？员工能力？
2. 你利用你的什么优势达到你的目的？
3. 你在达到这个目的方面，有哪些劣势？
4. 你的团队有哪位员工可以弥补你的劣势？
5. 你打算如何动员他参与你的设想？

9 工作单调枯燥，我怎么激发员工

“来到我们商务部门工作的员工似乎有一个共性：一开始工作热情很高，工作的时候精神饱满，表现出很强的上进心。但过了一段时间，管理者就会发现员工上班时面带倦意，原来的工作热情不复存在。原因是：商务部门的日常工作量很大，一个员工每天要处理的订单达 100 多笔，打印发票 100 多张，处理近 50 笔到款。而这几项工作对精准度要求极高，员工感到压力大。同时，商务工作重复性较强，员工个人能发挥的余地不大，时间一长，员工就会没有了成就感，情绪逐渐低落。作为管理者，该怎样提升整个团队的士气？”

员工的工作积极性需要有挑战、有新鲜感的工作来刺激。但在企业，很多工作岗位的工作就是枯燥乏味的，做久了，员工难免会感到失去了成就感和动力。这是让很多这类工作部门的管理者们头疼的一件事。领导这样的团队，有没有方法能够激发团队成员的积极性？

强调该项工作对企业的价值来激发员工斗志？这显然是最没有意义

的。因为一件事情对企业有价值，未必对员工也有价值。管理者当然可以使用这种方法教育员工努力工作，但员工毕竟不是来企业接受教育的学生。这种方法对管理者需要的结果而言是否有效果我们不得而知。

那么，可否在工作之间组织一些有趣的活动来调节气氛？答案是，这无疑比教育员工的效果要好得多。这就好比学生在学校上学，课与课之间有“下课”的时间。人在长时间做枯燥乏味的事情的时候，插入些新鲜有趣的活动来调节气氛，会让接下来继续埋头工作的情绪回涨。美国人吉姆·洛尔和托尼·施瓦茨在合著的《精力管理》一书中说：“只占体重2%的大脑占用了人体25%的氧气供给。如果思维得不到足够的恢复，会判断失误、创造力减弱，或无法合理评估风险。思维恢复的关键是让正常工作的大脑间歇地休息。”设想一下，如果让员工休息半小时、干半小时，是不是很可能会让不少员工喜欢上这个工作？要知道，干一会儿、玩一会儿，是不少人的天性呢。我自己的经验发现，人在还没有对某件工作发生疲倦厌烦的时候就停止这项工作，去做一些自由自在的事情，会让人更长久地保持对这份工作的热情。我在写上一本书《赢单高手》时，规定自己每天必须完成两个案例的写作。虽然我按期完成了这本书的写作，但我的自我感觉却差到了极点——我觉得自己简直就是被这本书的写作绑架了，这导致我十年都不想再动笔写这本关于领导力的书，虽然我知道我应该写。我发现，写我自以为有文学创作性的文字，较之于写这种教学课本之类的文字，前者是发自内心的情感的抒发，因为它是动力满满的创造，后者是乏味无趣的码字劳动，因为它不给我带来审美上的冲动。所以我想，做自己认为容易乏味的事情，用间歇性休息的方式，才是最有效的。比如我写这本书，我就换了一种方法。虽然每次完成一个案例的写作时间大约是2个小时，但无论我多想继续写下去，我都会停止。结果就是，我没有了厌倦感。我提供这条经验，是想让管理者知道，与其教育员工，不如懂些科学道理，更容易在员工保持积极性的同时，让团队业绩也在不知不觉中获得提升。只是，使用这种方式，管理者需要面对自己迫切需要完成任务的焦虑情绪。但不妨试试，将这种方式用于容易让人感到枯燥乏味的任务上，是不是员工的工作精准度和效率都有提升。

用期望值管理，也是一个不错的方法。所谓期望值管理，就是通过调整人的期望值来调整其对预期结果的满意程度。用相亲来举例：一个小伙子去见一个长得像邻家女孩一样秀气的姑娘之前，如果介绍人事先告诉小伙子，你要见的那位姑娘长相特一般，不要抱啥希望，先看看她的人品和性格怎么样。当小伙子见到这位姑娘时立即就会感觉：哇！她长得这不是很好看吗！但如果事先告诉那位小伙子，你要见的姑娘虽然不能和大明星比，但和一般的演员比绝对不遑多让。那小伙子在见到姑娘时会什么感觉？他会感觉：这不是很一般嘛，哪有介绍人说得这么漂亮。为什么事先打招呼的内容不同，见面时小伙子的感受会不一样呢？因为人们总是用现实的情况和自己事先的期望相比较，来得出所谓好与不好的结论，让自己感受高兴或沮丧。

管理者也可以使用这个方法：在招聘员工的时候告诉员工，这项工作会枯燥乏味，来这个岗位工作，比的不是你多聪明、多有创造力，靠的是耐性和严谨。证明自己是不是牛人只是一条：你可以保持多长时间内连续无错误地完成工作。但是，当管理者在员工进入工作后可以用各种方法让整个团队保持活跃、开放、轻松的气氛，员工会怎么想？这工作也没有上司说的那么无趣吧？我得努力达到牛人的标准呢！

这是什么原因？这是因为一个人对所做的事情感到无趣乏味还是有趣、有意义，不在于他所做的事情的内容。哪个人不是在日复一日地重复差不多同一种活法？天下哪有那么多只有新鲜感，没有厌倦感的事情呢？就连旅游这种增加新鲜感的事，转悠多了也会乏味。但为什么有些人过这样重复的日子过得津津有味，有些人却郁郁寡欢呢？关键不是他所经历的事情是否重复多遍，而是他内心的期望值和他眼前的目标是否能让他感到振奋。

人心是可以自我暗示、接受调整的。

我所介绍的以上两种方法，可以适用于在整体层面上提升工作效率、调整团队士气。但不同的员工存在差异，最大的差异在于员工天赋的不同。管理者需要总结的是：什么性格和什么能力的员工对这个部门的工作最合适？这有利于管理者在筛选员工的时候，不再盲目用学历或工作经验来作为标准。比如对工作的安全感要求高，性格细心严谨，对重复的内容可以包容的员工，比活跃外向的员工，更适合该案例中的岗位工作。所谓选人在先，培育在后，意思是说，如果你想种出西瓜来，就得选个西瓜秧来培育。如果你选了个黄瓜秧，后面越培育它，就越扭曲它和你自己。选择对的员工，会大大降低今后的管理难度。

当然，管理者对员工的即时表扬、推动正面竞争、形成有效方法、互相学习经验、布置好环境的“风水”，都能在增强工作效率的同时，增强人的快乐感和愉悦感。这些也都是有效且常用的方法。

单调和重复的工作内容不是问题，失去目标和热情才是问题。与其对员工输入价值教育，不如用科学方法调整员工的工作节奏和对工作的期望。

所谓人性化的管理，不是盯住事和盯住人的区别，也不是善良与严苛的区别，而是放下教育者的姿态，来研究人的诉求和人的最佳劳动节奏。思考一下：

1. 你的团队里员工产生工作倦怠的真正原因是哪些？
2. 你能使用哪些科学方法来调整员工士气？

10 员工有畏难情绪就是没动力吗

> 为了让公司领导和同事及时了解行业和技术发展的情况，我需要安排一位员工来编辑一份专业性较强的简报。原简报编辑是由一位企业发展研究方面的博士担任。由于该博士最近调离，我考虑安排另外一位做过两年战略调研工作的员工来担任，理由是，该员工对行业和技术发展的情况相对比较熟悉，由他来接任这项工作比较接近这项工作的要求。但这位员工却很有顾虑，来找我推辞这项任务。我该如何鼓励他接受这项工作？

在交付工作任务给员工的时候可能会出现两种完全不同的情况：第一种情况是员工认为自己不适合而不愿意接任；第二种情况是员工觉得自己接任这项工作是大材小用。这个案例针对的是第一种情况。

遇到这种情况的管理者自然而然地就会去鼓励员工接受任务。要么从员工个人的角度出发，告诉员工要把这项工作看作他向领导展示才华的重要机会，以摒除他的负面思维；要么就是从工作需要的角度出发，告诉他目前没有人比他更适合接任这项工作了，他不能在组织最需要的时候只想自己，让工作任务掉链子。

大家在对这个案例的讨论中统一了认知：即从工作出发来说服员工接受任务，不能有效地说服员工，让其产生工作的积极性。因为员工的动力不是来自组织需求，而是源于自己被认可。员工不愿意担任这项工作，是因为没有做过这个工作，不知道如何做才能被认可。所以，就算管理者从员工个人角度来激励他担任该项工作，他还是会因为不知道如何做才能做好而信心不足。因此，管理者需要做的，不是告诉员工这项工作有多重要，也不是告诉他做好了有多被认可，而是告诉他如何才能做好这项工作。

我让现场的管理者来演示一下如何辅导这位员工做好这项工作：

管理者扮演者说："做好这项工作有两个关键，一是弄清楚什么是行业技术发展最重要的信息；二是弄清楚总裁室成员需要知道什么。把这两个方面当作自己要下功夫去做的重点，可以依靠自己具备的行业技术发展研究的功底，同时要研究本企业的发展趋势和总裁室所关注的问题，还要学会利用专家资源来撰稿。这样做，就会使自己的工作有价值，一定会得到认可。"

员工扮演者的感受："作为员工，我会感觉有了工作方向和重点，事情没有自己想的那么难做了。得到领导指导，确实也增强了自信。但具体这项工作从哪里入手，仍然不是非常清晰。领导的辅导有大方向，但没有落实到可操作的层面，这让自己觉得底气还不是很足。"

这是双向的问题。员工信心增加了，也有了方向，但还是不知道具体做起来该从哪里下手。管理者就有信心了吗？管理者能相信员工出了自己的办公室，就能如期交付他期望的工作结果吗？员工和管理者都没有信心，因为还缺失了细节。辅导员工完成工作，缺乏了细节的指导和对结果交付的确认，就等于工作没有真正落地，等于让工作结果不了了之或不能达标。

有效的做法是：让员工找出以前做的简报，让其分析以前的简报被认可和被批评的原因，并找出被认可的关键要素，和员工一起讨论怎样才能做得更好，一起确认工作重点和需要的帮助。同时，还要和员工约定好关键节点和检查落实的时间。如果员工需要帮助，管理者可以在刚开始这项工作的时候和他一起合作，确保第一次成功，并要求他一边做一边整理出确保成功的工作流程，在一定的时间内达到可以自己独立完成任务的标准。

有了一步步让任务走向落实的步骤，才能让员工非常清晰地知道自己近期都该做些什么。知道怎么做了，就能够清除不知如何下手、不知能否做好的担忧。人往往是在不了解某件事，但又需要去做某件事的时候，会对未知产生恐惧和担忧。解决了这个问题，员工就会发现其实这项工作的难度没他想象的那么大。同时，管理者的要求也会让员工感到计划执行要落实检查的紧迫感。这样，管理者就能巧妙化解员工的心理障碍，让他把精力转移到可以立即着手工作的方向上。

激发员工接受工作的动力，仅仅靠强调该工作有多重要，是走不进员工内心里的。加强细节上的辅导和对结果的要求，是真正帮助员工摒除畏难情绪，完成任务的两个重要的因素。

在员工对岗位缺乏自信的时候，鼓舞士气和泛泛地说工作方向，都无法真正促使员工让任务落实。所以，管理者可以先了解情况再实施辅导：

1. 员工畏难是没有担任这项工作的意愿呢，还是没有自信？
2. 如果员工是没有意愿，管理者需要了解员工的真实意愿，并将其与该项工作的价值相结合。
3. 但如果员工并不是没有意愿，而是缺乏自信，管理者就需要和员工探讨如何排除障碍，完成任务。
4. 员工能力辅导的两个关键是：细节把控和结果落实。

11 员工眼高手低，我该拿他怎么办

“我部门有一位新进公司半年的员工，一开始他对工作还是充满热情的，但过了没几个月我就发现他的情绪开始低落。原因是他觉得自己的专长不能在现在的工作中发挥出来。他和同事的闲谈中流露出倦怠，工作也不是那么积极主动。”

企业的工作未必是员工认为有价值的，甚至有些工作是枯燥乏味的。员工认为自己能够从事更重要的工作，但管理者需要员工做好手头的工作。管理者怎么做，才能让员工安心本职工作？

很多管理者都表示很头痛眼高手低的员工。这种员工往往小事做不好，大事做不了。对这些员工的批评教育是必须的。其实这也没啥可说的，在岗言岗，员工到岗就该做这个岗位的工作。这是再正常不过的事情。

也有管理者提出来，企业在招聘员工的时候，常常是按照高标准来招聘的。比如，需要员工担任的岗位职责并不需要高学历和高能力，但招聘的时候却肯定是学历越高的人越有录用机会。好企业更是如此。这就导致员工的学历和能力高于工作职责的要求，导致员工不能安心于本

职工作，这是根源。比如，招聘一个前台接待人员，需要有大学毕业文凭。大学毕业的人能长期安心于前台工作吗？如果招聘一个职高毕业生，他能找到一家大企业的前台工作岗位，那可能就是目前的职业天花板了，肯定比大学毕业生要更安心本职工作。

我问大家的问题是：在企业和员工可能都有问题的情况下，作为管理者，该如何做才能在给定的条件内，尽量做到让员工对本职工作愿意尽力？

有人认为：对虽然眼高手低，但学历和能力都强的员工，应该先予以理解，并表示能看到其发展潜力，鼓励他不要泄气。但也要指出他最近不如刚进公司时积极。管理者还需要明确地告诉该员工在现实工作中专业 100% 对口的不多，学校中学习的专业不过是打个基础。所以，需要自己能够摆正心态。其实，无论做什么工作都能锻炼能力，更能历练心态。可以用自己历练的经历来和他分享，并提出他可以向老员工取经。

也有管理者认为应该实事求是地告诉该员工，工作就是工作，不能让心情影响工作。坦率提出对他的工作结果不满意，并建议他去了解一下老员工为什么能在自己的岗位上坚持多年。让他想出一个自我激励的方法，也可以和大家分享。

教导员工要历练心态或自我激励，目的都是希望员工能自我调整后，对自己手头的工作产生工作积极性，从而能安心于本职工作。但这样的方法是否能奏效呢？

“把你自己当作因为觉得工作单调乏味，所以不安心本职工作的员工，你的上司用这样的方法要求你调整心态，你能做得到吗？”我问。

有意思的是，管理者只要从员工的角度换位思考，马上就能知道自己的做法的问题所在：员工感觉被“正确思想”教育了一通，不但没有感觉被激励，反而会产生反感情绪。

我还是用价值互换的老办法来处理这个问题。我用一段对话来阐述这个过程：

上司：看到你最近的工作进度没有跟上。我得提醒你，这会影响到你的绩效考评。我知道你的能力很强，这点工作量对你来说本来不该有问题，是不是遇到困难了？

员工：困难倒没有。只是，现在的工作挺没劲的，不是我感兴趣的。

上司：那你对什么样的工作内容感兴趣？

员工：最好是让我做点更有创意、更有挑战的工作。

上司：你觉得怎样的工作是更有创意和挑战的？

员工描述他认可的工作内容。上司可以允许他在完成本职工作的前提下，学习从事这类工作的内容，加强承担这类工作的能力。在得到员工认同后，上司须提醒员工，这是以出色完成自己的本职工作为前提的。

价值交换——让员工获得他喜欢做的事情，同时管理者也对员工提出自己的要求，是最有效的做法。因为这变成了不是你要求员工调整自己的心态来安心于本职工作，而是员工为得到他需要的机会而做好本职工作。

要是管理者把自己的目光锁定在员工“不乐意做”的事情上，想方设法让员工扭转自己的不乐意，就等于逆水行舟。管理者需要去了解什么是员工乐意做的，以及什么是管理者乐意员工做的，然后进行交换，用这样的方法达成员工乐意、自己满意的效果。

但有人问了两个问题：其一，不是所有员工都清楚他真正乐意做的是什么，也不是知道自己乐意做什么的员工都乐意告诉管理者。其二，也不是每次找到员工乐意做的工作机会时管理者都可以帮其争取到，不一定能形成价值交换。

其实对管理者来说，最大的问题不是员工不知道自己乐意做什么，而是管理者遇到员工积极性的问题，第一个想法就是去扭转员工的负面情绪，而不是去了解情况。员工应对管理者的扭转举动，一定是采取自我保护的姿态。也就是说，员工的行为，其实就是管理者行为的准确对应。管理者与其从员工身上找原因，不如调整自己，让员工行为对应到管理者的需求上。如果一位管理者的管理风格是能够先了解情况再做处理，在大多数情况下，员工是会以实相告的。假如员工自己都不知道自己喜欢做什么，管理者用一问一答的方法引导员工弄清楚自己的职业发展方向，不也是好事一桩吗？

了解员工喜欢做什么，并告诉员工自己对他的要求。把员工的喜欢和你的要求，转变成可以互相交换的合作条件。

至于管理者找不到可以满足员工“乐意”的机会的情况，这肯定是存在的。有些工作内容对一类员工来说存在并不适合的情况。作为管理者，只要实事求是，帮助员工调整岗位或让员工自己去找到更适合自己的岗位，也算是知人善用了。毕竟，对员工的管理，首先是把合适的人放到合适的岗位，然后才是引导员工将心态和能力调整到最适合的状态。

1. 了解员工热爱和喜欢做的事，不要做价值判断；
2. 让员工也接受你对他的要求；
3. 让员工拿出一个可以彼此成全的方法；
4. 在这个基础上和员工“讨价还价”，达成合作。

12 当有人用哥们关系为难我时

> 我和我的一位下属是同时进入公司的哥们。我在提升前就处处照顾和帮助这位哥们。这位哥们聪明又有灵气。自从我提升后，他总是不能兑现承诺的毛病让我很恼火。这是我做管理工作之后发现的他的问题。现在我到了管理岗位，分配给他的任务，他总是不能按时交付。每次问他，他都找各种理由解释，或干脆求我替他完成。我应该怎样做才能让这位哥们对工作认真起来呢？

管理者在工作场合和自己的下属处成了“哥们”，究竟是好事还是坏事？和下属的关系太远，似乎不利于制造互相合作的工作氛围；但似乎一进入哥们的状态，又很难拉下脸来提要求。

管理者是不是要和员工处成哥们关系？这个话题一出就众说纷纭。有人认为最难办的是已经是哥们的人变成了下属。以前平起平坐，现在自己官大一级，这对没有得到提拔的哥们，需要有个心理适应过程；有人认为和下属就是应该拉开点距离，才能让自己的命令有效；也有人认为，和员工处成了哥们，总的来说是更有利于团队凝聚力的。

先来说说，什么是哥们关系？就是彼此之间有工作关系之外的友谊。这种友谊一旦延伸到了工作中，很容易变成一方对另一方有优于常人的特殊待遇的情况。遇到头脑清晰的“哥们”，也就是分得清哪是工作之内，哪是工作之外的“哥们”，当然不会给管理者添乱。但绝大多数的人都会倾向于利用友谊关系，行点便利之事。这也是人之常情。对管理者来说，遇到自己的哥们工作上出状况，怎么向他指出和要求，确实是比较难拿捏分寸的事。说轻了，对方嘻嘻哈哈不在意。说重了，影响感情，也会影响工作。要是因为对方是哥们，所以自己对其有所袒护和偏心，那就等于自己在团队制造派系，影响其他人的工作积极性。对管理者来说，和下属保持等距离交往，出了问题一视同仁地对待，有了成绩一视同仁地嘉奖，是针对团队目的达成和团队氛围维护的最佳局面。

其实，别说下属中有你的哥们，就算你和下属并不存在哥们这层关系，作为管理者，你对员工的远近亲疏也会对团队中员工关系的平衡产生影响。因为人的天性就会希望自己能受到领导重视；人的天性也必是容易感觉到自己在人群中是被冷落还是被热捧。管理者需要做到一视同仁，就是为了平衡团队中的人际关系。工作中人际关系的处理，也许并不代表自己内心的亲疏，但代表一个管理者对工作效率和团队氛围的重视。从这点而论，当然是和下属不存在哥们关系，更有利于管理者工作的便利。

在这个案例中，对于已经处成了哥们关系的下属所发生的不能按时交付任务的问题，管理者该如何处理？

有管理者认为，这位哥们这样做，降低了管理者在团队面前的威信。如果对其听之任之，对其他的人就更不好管理了。但毕竟是哥们，公事公办拉不下脸来，那就私下找这位哥们谈谈，让他和自己扮演一次

“周瑜打黄盖”。这样可以让自己在团队里建立威信。私下感谢他的配合，但是同时要求他以后应该按时交活儿。

但不少管理者觉得这样做虽保护了哥们的关系，但对这位员工却没有任何实质性帮助。反而会让他觉得是自己帮了管理者的忙，并没有真的感觉到自己需要纠正交付工作拖沓的行为。假如有一天管理者实在承受不了这位哥们的拖沓，会走到翻脸连朋友也做不成的那一步。

有人提议，是不是可以公事公办，分析这位“哥们”不能完成工作的原因，找出他完成这个工作的能力短板呢？同时和他共同商讨改进计划，制定检查的时间表，并在完成任务的过程中不断地提醒他要完成任务。这样既对工作推进有利，也不至于影响了哥们之间的感情。

“你觉得这位哥们总是不能按时交付工作，最根本原因是能力不足，还是态度不端正呢？如果根本的原因是他缺乏认真工作的态度，他自己都没有改进的愿望，帮助他提升能力，不是效果很差吗？”我问。

我继续向这位管理者提问：“你这位哥们在工作上这么拆你的台，你是什么感觉？”

“很生气，也很无奈。”他答。

“你觉得你这哥们这么做事够意思吗？”我问。

“不够意思。”他答。

“那你为什么不直接说你认为他的做法不够意思呢？真的是哥们，就得是在你为难的时候帮你一把，要不就别谈啥哥们关系。是不是这样？你为什么不告诉他，他这样做，加重了你的管理难度。如果他坚持这样做，那就只有撕破脸了。而且你还得打提前量，并举例事实来告诉他，这是他逼你的。”我继续说道。

做管理，最高效的做法就是真实和真诚。你的下属和你是不是哥们关系，不是重点。重点是，他的不作为带来了管理上的麻烦，并且让这样的麻烦持续下去，最终会导致撕破脸。无论这样的关系是哥们关系还是上下级关系，都基于一个基本的合作关系，那就是，须在合作中互利互惠，才能让关系长存。任何把自己的工作责任推卸到哥们、上司或同事身上的人，都无法长期维系任何关系下的合作，这是事实。让这位哥们知道这个事实，就是帮助他懂得怎样才是维护一个健康的合作关系的方式。这无论对哥们，还是对下属，都是有价值的帮助，同时也是“自救”。

辨识关系中的健康或不健康的因素，然后把真相揭示出来，比拘泥于是不是哥们关系要更有效。

可以按照以下问题来探究，让关系走向健康：

1. 我们现在是处在互相支持的关系中吗？
2. 如果不能形成互相支持的关系，直接告诉对方自己需要他做什么，自己可以为此付出什么。
3. 在对方认可的基础上，告诉他你对工作结果的要求。

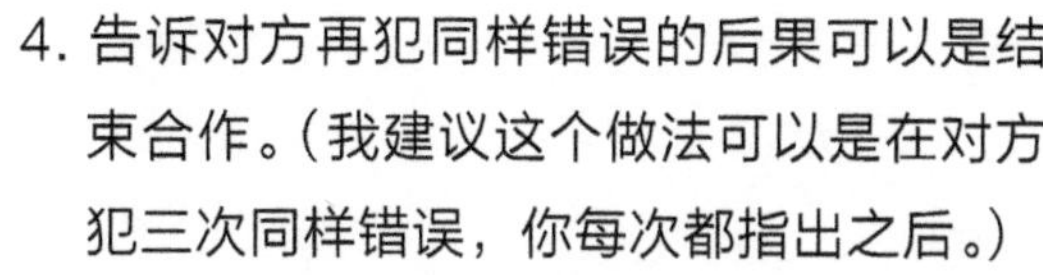

4. 告诉对方再犯同样错误的后果可以是结束合作。（我建议这个做法可以是在对方犯三次同样错误，你每次都指出之后。）

上 篇

领导力
行之有效

CHAPTER5

第 5 章

用价值引领合作

你既没有被赋予指挥其他团队的权力，也没有制度流程为你保驾护航，但却必须通过这段既无权限也无资源的“十字路口”才能完成工作任务。如何不为障碍所困，紧紧把握目的，用价值启动对方意愿，是本章帮助读者掌握的能力。

1 与人合作，除了价值还是价值

“我是这家企业的董事长高薪挖过来的。当初谈好了高管职务和高年薪。但不到一年时间，董事长反悔了，要调整我的职务和薪水。实际情况是，高管团队基本上还是听董事长的，我说话不管用。这家公司不但内部管理比较混乱，市场情况也不太好，这些都是我始料未及的，我现在该何去何从？”

当一个人处于需要经由与他人的合作才能达成自己的目的，但同时自己却没有指挥权的情况下，是否就是处于被动情况，自己的成功取决于他人是否愿意与自己合作呢？

我们暂且把“空降兵空降到一个新的团队该如何处理与新的环境融合的问题”放到后面的文章中去讨论。在这个案例中，我们先聊聊最根本的问题：在合作中不占有主动权也没有实质性的指挥权，是否还能够立于不败之地？

有的管理者认为，这取决于聘请他过来的更高层级的管理者是否真正放权，他说话是否真正算数。否则，就是再好的职业经理人也发挥不了作用。

也有人认为，自己应该首先取信于聘请自己过来的雇主，才能打好第一步的基础。否则，接下来做工作，怎么做都不可能顺利展开。

我们不妨从其上司的视角来看看这个问题。从两边看问题，会更加客观一些。

先说一件我亲眼所见的事情：一位民营企业的董事长聘请了一位同行业著名外企的高管来做总经理。这位总经理是我见过所有空降兵中空降得最顺利的。他不仅自己跳槽过来了，还带来了多位他在原企业合作起来得心应手的下属，相当于带了一个团队一起跳槽过来。他将这些人安排在他手下的各个重要岗位，这样，他说话令行禁止的“群众基础”就不存在任何问题了。但不到两年，他还是黯然退出了。这位董事长说，他设计的成功蓝图与董事长内心的期许相距甚远，超出了他的容忍度。

我自己也聘请过管理者，因为管理风格的不同，新聘请的管理者自然会遭遇下属的“排异”反应。在我眼里这不是问题。但他如何处理这些问题，才是问题。当新任经理向我抱怨员工如何目中无人、不听指挥，我就失望了。因为我发现他吐槽的员工都是能力强的，他保护的员工都是能力弱的。一位管理者如果无法让有能力的人服他，反过来还抱怨员工的不配合，那他对于与我的合作来说是没有太大价值的。

这几位管理者之所以走得不顺，都和雇主对他们上任后的评价有关。这几位管理者都没有在他们的合作者眼里拥有对等的价值。

问题来了：什么是价值？在他人的帮扶不足、客观条件不容乐观的情况下，一个管理者无法提供预期的价值，是否该完全由他自己负责？

我以为这个问题没有可以讨论的地方。因为，如果担任某个管理的职务这个决定是新任管理者自己的选择，然后他自己没有提供雇主预期的价值，这个责任，没有别人会替他承担，当然只能是自己承担了。

问题又来了，那究竟什么是价值？雇主眼中的价值才算是价值吗？我认为，所谓价值，就是管理者的行动能力给雇主提供的需求满足。也就是说，管理者与谁合作，和谁谈好了实现什么目的，那么，这个管理者的价值就是对他对雇主的承诺的评估。注意，是雇主对管理者的评估，不是管理者自己以为的价值。

那么，雇主与你合作，通常会需要你的价值包括哪些呢？通常，你在合作中的价值体现在你需要表现出来的能力和你可以掌控的资源上。比如，你想向雇主推荐自己，以达成合作，你只要回答以下三个问题，就可以让雇主对你的价值一目了然：

1）你会做什么？（能力）

2）你有什么？（资源）

3）你能做到什么？（你的能力 + 资源）

当你为自己被雇主放弃而愤怒或感到无助的时候，不如先看明白这样的事实：在这个世界上，没有任何一个人有义务对另外一个人保持忠诚。或者说，在利益合作上，从来就没有背叛，也没有抛弃，人永远只会跟着价值走。在合作中，让自己立于不败之地的唯一办法，就是让自己在合作者眼中有价值。

上述谈的是人与人合作的原则。我发现，在具体的合作中，管理者会陷入以下泥潭而无法兑现价值，以至于被淘汰：

1）不明白自己的立足之地从来不是雇主的承诺，而是自己对雇主不可替代的价值。需要告诫管理者的是，不要在雇主面前抱怨，尤其是不要抱怨雇主认为你应该有能力驾驭的事情，这会贬损你的价值，让自己在与你合作的雇主眼中失去合作的意义。

2）一个人如果在合作之前夸大自己的价值，以求换来与自己能力不相符的价格，那么，他的与自身价值不相符的贪欲，就是给自己今后的合作失败埋下的伏笔。

3）不明白合作之前需要清晰明白对方的期望值，即对方需要你在多长时间内达到怎样的要求。当自己并不清楚对方的真实需求，就无法为满足对方的需求兑现价值。那么，即使今后干得再努力、再辛苦，也很可能是南辕北辙。

4）不知道和对方建立多个阶段性目标，并把目标建立在对方的期望值之内，会导致今后合作方不认同你的努力。

在合作中，你的价值是满足合作方的需求。因此，界定价值链中你的价值点和你兑现价值的能力，并引导对方建立创建价值的阶段性目标，至关重要。

让我们来逐个地解决上述问题：

1. 在与他人合作之前，首先要弄明白自己要做的事情的整个价值链，并和对方确认对方需要你在这个价值链条上兑现哪些价值点。然后衡量自己实现这些价值点的能力，以及所需要的权限和支持。
2. 在价值和价格的平衡中，可以先让自己的价值高于价格，以确保自己在尚未达到让对方满意的价值之前，先让对方感觉性价比尚可而愿意给自己留有余地。那位要价几百万年薪却远远没有兑现价

值的高管，之所以很快就被董事长的调岗降薪搞得不知去留，就是因为过于失衡的性价比，迫使董事长迫不及待地止损。

3. 和与自己合作的人讨论清楚，他眼中最需要你达成的事情有哪些。这个讨论需要细致到时间节点上衡量目的达成的标准。
4. 建立三个到五个阶段性目标，并在过程中不断就阶段性目标的达成而与合作者保持同步和沟通。

2 “应该”和“道理”对部门合作无效

> 在从产品销售到提供解决方案的服务转型中，公司要求我们服务部门开始承担服务销售的工作。也就是说，今后我们售后服务部门不但要提供延保期内的服务，还要承担把服务销售出去的指标。我们不是销售部门，把服务卖出去，是要靠销售人员的努力的。但问题是，销售部门不但没有为我们承担服务销售，还在产品销售中因为客户的要求而延长保修期，加重我们的工作量。这让我们怎么完成将服务销售出去的业绩指标？

- 不是我没和他们说，是他们根本不重视；
- 不是我没有说明事情的重要性，问题是这对其他部门是找麻烦的事；
- 不是我们可以独自能完成的，但其他部门总是采取不合作态度。

这样的内耗在部门与部门之间比比皆是。作为一个部门的管理者，你必须得到其他部门的配合才能完成你部门的任务。但你又无法领导其他部门按照自己的意图配合执行。应该如何解决这样的内耗问题？

我们在向销售部门了解情况的时候，销售部门的员工说是因为以下情况，导致了服务部门所说的现象的发生：

1）客户习惯了采购产品，对服务需要付费这个概念接受度差。销售服务没有销售产品容易；

2）销售人员长期的销售习惯是销售产品，对如何销售服务能让客户顺利接受没有经验。从公司制定的销售指标来看，销售服务只占完成整个销售指标的很小比重。所以，销售人员缺乏从惯性中解脱出来，扑向服务销售的动力；

3）客户会用延长保修期作为谈判的砝码，逼迫销售人员为他们延长保修期。

我把在销售部门了解到的这些问题拿到领导力的课上，问在座的管理者们，如果你们是服务部门的负责人，需要销售部门来帮助我们销售服务，并减少客户的延保要求，才能达成我们的业绩指标，你该怎么做？

部门级别的管理人员都认为，之所以出现这种情况，最重要的原因是企业高层管理者自己并没有十分重视服务销售，也没有对销售部门销售服务下达更高的要求，却把指标加到了服务部门。因此，解决这个问题的关键，在于高层管理者重新审视转型这个问题，制定更加有利于两个部门之间合作的业绩要求。

我告诉大家，我从高层管理者那里获得的信息是，企业向服务转型是战略决策，是一定要去做的事情。因为在产品销售一片红海的情况下，企业只有向服务转型才有未来。但在转型的过程中，企业面临转型中组织结构是否需要重整、流程与制度是否需要重新审视、销售人员的销售能力是否需要调整、销售激励政策是否需要重新设定等一系列的问题。总之，企业的商业转型是一个牵一发而动全身的事情。想用一蹴而就的急救方式解决问题，往往会导致在服务销售业绩尚未提升时，产品销售业绩已经下滑，最终导致企业业绩整体下滑。最重要的是，客户观念的转型与企业商业模式转型需要同步，企业需要有一个适配的过程。如果企业转型过激过急，新的商业模式不能很好地被客户接受，那么，转型很可能以较大的损失，甚至是失败告终。这就是企业高层对服务转型保持目前这种保守态度的原因。

没有问题吧？这是完全符合逻辑的安排。但从整体利益和全局视角来说是完全符合逻辑的合理安排，到了不同的部门、不同的局部，就会变成互相掣肘的内耗。

“在座的谁也不是高层管理者，就算在座的是高层管理者，也只能让企业保持目前的保守策略。如果试探性探索的指标落到了你部门的头上，你是服务部门的负责人，在完全理解了企业目的和战略的情况下，你会如何配合行动，与销售部门一起来完成战略转型的探索？”我问。

你部门的人都是服务工程师，不但不具备销售能力，也缺乏销售的意愿。你还无法强制销售部门更多地销售你的服务。这可太难为服务部门的管理者了。

我带领服务部门和销售部门的员工开了一个研讨会。具体的会议议程如下：

第一步，先让大家对这次研讨会的议题达成共识：互相合作，达成销售部门和服务部门共同承担的 15% 的服务销售的业绩指标，以达到帮助企业达成服务转型探索的目的。

第二步，在这些共识下，让两个部门的员工列出他们在销售服务中遇到的所有难题，并用“二八法则”来确认最主要的障碍。需要让大家理解的是，所谓主要障碍，须符合以下三个条件：

1）出现频率最多的障碍；

2）我们自己可以控制的障碍；

3）在符合上述条件的障碍中，先选择最容易克服的障碍。

这样，我们就摒除了“客户购买服务的意识不够强”“客户喜欢讨价还价来索取更长的延保期”这类客观存在，而我们无法不让客户这样做的所谓障碍。确定了自己可以控制和改进的重要因素：对客户需要服务的“痛点”不够理解，对客户在什么情况下会购买服务的情况不够了解；因此没有根据客户情况分类客户，探索需要服务的客户的条件，从最容易购买服务的客户开始等。

第三步，设定阶段性目标：我们需要在什么期限内、在哪些区域、锁定多少家客户，最终建立怎样的成功案例来推广到更多区域、更多客户。

第四步，根据所设定的目标，提出销售部门和服务部门配合行动的方案，包括，服务部门利用销售部门提供的客户信息反馈表来提供客户信息，以便于销售部门可以根据客户信息判断是否可以开展服务销售；以及客户在提出延长保修期的“额外要求”时，服务工程师协助销售人员说服客户在保修期内提供技术培训服务，来确保客户获得常备的维修技术，消除客户在使用中为出现故障而感到不安的心理。

我在这个案例中要说的，并不是服务部门和销售部门应该怎样合作这个单一的问题。我要说的是，往往从整体的角度来说合情合理的事情，到了各个部门配合行动的时候，却不一定那么流畅，那么没有障碍，这是企业的常态。作为管理者，要对自己部门的业绩负责，去抱怨企业和兄弟部门是没用的，用“应该”和“道理”去指责他人，只能起到反作用。可以尝试以上做法，引导兄弟部门看到合作对双方的价值，并采取有效的问题解决的研讨方法，一直落实到日常工作中。

1. 用“应该”和“道理”指责对方不但于事无补，反而起反作用。因此，引导他人看到合作共赢的价值才是出路。

2. 价值的实现，基于建立共赢的目标、列出主要障碍，并探讨合作共赢的有效方法。

3. 在合作的过程中，互相鼓舞、互相支持，把原先的障碍，转化为合作成功的机会。

3 避免吃力不讨好的配合

> “公司为了让渠道商充分理解和支持公司的转型业务和发展方向，决定召集重要渠道商来参加一次视频会议。协助各分公司销售部门来组织这次会议的任务落在了我们市场部的头上。我的任务是要利用视频会议对渠道商做一次转型的动员和概念的培训。为确保视频会议的成功，我把举办视频会议的任务做了进度安排和目标分解，确保视频图像流畅，保证会议室场景中有合适的投影、显示设备和音响设备，并在三个以上的会议地点进行交互操作，以确保万无一失。我觉得自己考虑周密、布置细致，应该能够达到很好的效果。但结果偏偏事与愿违，到了召开会议的时间，来参加会议的人寥寥无几，会议开始不到一小时就有很多人退场。精心策划的整个会议最后以失败告终。我为此受到了上司批评，但我认为，这是销售部门和分公司做转型培训的内容设计的问题，与我部门无关。”

在部门之间的配合中应该如何定位自己的作用才能使自己的部门获得

兄弟部门的认可和支持？

- IT 服务部门花费人力和时间开发系统来满足使用部门提出的需求，结果却不能让使用部门满意；
- 人力资源部门根据其他部门提出的需求提供培训项目，却无法让其他部门积极配合；
- 财务部门执行企业的财务规定，却被其他部门吐槽制造麻烦……

这类的问题比比皆是。

在这个案例中，视频会议成功的关键是要吸引实力最强的渠道商，让他们乐意去做转型业务的生意，做市场推广，从而和企业形成深度合作。如果把自己的部门在这次视频会议配合行动的意义停留在保障视频会议的设备在会议召开期间流畅使用，是否恰当呢？

在团队配合中，自己的部门做了很多事情，但却没有达到目的，这是部门之间的合作普遍存在的问题。管理者在指挥自己的部门配合其他部门的时候，容易失去真正的合作目的，而导致自己部门在合作中起不到有价值的作用。原因就是管理者只关注自己的部门该做什么，而忽略了为什么要做这些。

就这个案例来说，利用视频对渠道商做培训的目的，是希望让渠道合作商认识到今后与自己的企业合作的方向，并能够采取积极的行动。那么，作为管理者，在与自己企业的其他部门配合之前，首先就要向自己的团队阐述这次活动目的，并共同来确定能吸引渠道商的话题，交由销售部门来组织内容。如果能建议销售部门在活动中安排给渠道商算一笔商业账，让渠道商觉得做转型业务的盈利不错，并在活动中安排公司的销售人员做转型业务的特点介绍，让渠道商代表客户提出各种问题，然后由销售人员给出恰当的回答。最后，让渠道商填写需要支持的信息表，那么，自己部门参与这次活动的举办，就达到了配合销售部门行动的目的。

管理者如果能够这样来制定自己部门行动的重点，参加视频会议的渠道商不但能感到转型业务对自己生意的好处，而且能得到支持，愿意尝试。同时，销售团队也能够根据渠道商填写的信息来选择最有可能产生销售业绩的渠道商，并给予他们政策性支持。并且自己部门的员工参与这次活动，得到大区销售管理者的认可，也会大大提升团队的士气。

我是想通过这个简单的案例说明一个在部门之间的合作中经常会出现的问题：自己的部门辛苦努力的付出，却得不到企业和其他部门的认可，最大的原因很可能就是没有从合作的总体目的的角度来定位自己部门配合工作的重点方向。

我们经常谈到在和他人合作的时候要从对方的视角看问题。但做起来其实是不容易的。明明是自己需要在合作中贡献自己的价值，怎么从对方的视角看问题呢？再者，各部门思维方式、工作重点、分工和能力都是不一样的，往往你想从对方的视角看问题，因为你没有对方的这个视角，所以很难站到对方的位置上去思考。

我的建议是，在配合行动中，自己的部门需要稳稳地站在自己的视角看问题。只是，这个视角不是我需要“做什么”的视角，而是我对整体效果贡献哪些价值的视角。在合作之前，我们不妨采取以下步骤来切入这样的视角：

1）完整了解合作需要达到的最终目的是什么。

2）弄清楚有哪些部门参与这次合作，以及每个部门对最终目的而言所起到的作用是什么。

3）和各个合作部门确认他们对我部门的需求是什么。

4）和合作部门确认，基于他们的需求，我部门的方案是什么和为什么我部门的方案能够满足对方对我方的需求。

5）在合作中，与其他合作部门做阶段性的沟通，以确保在变化的情况下，我们所做的努力对合作目的达到的有效性。

在这里需要提醒的是，合作中价值流失最容易发生的地方是在合作之前的需求诊断。一方很容易误把另一方提出的不成熟的解决方案当作了真正的需求，走错了方向。这就好比一个患者对医生说："我需要阿司匹林。"患者说的阿司匹林只是患者自己认为可以治疗他的病的药，并不是患者得了什么病，也不代表阿司匹林真的就能治疗他的病。如果医生按照患者的提议开给他阿司匹林，就很可能因为让患者吃错了药而耽误对患者病情的最佳治疗时机。很可惜，在企业的团队合作中，这样的情况却屡屡发生。大家不明白什么是真正的需求，什么是解决问题的方案，什么只是对方提出来的假设。我在下面列出几个可以提供给大家探索问题的重要概念：

需求（need）= 对方的问题（pain）+ 对方认为解决后达到的效果（vision）

解决方案（solution）= 对方的需求（need）+ 双方都同意的方案标准（criterion）

合作产出真正的价值，是从合作尚未开始之前就需要界定清楚的。在合作前回答自己以下问题，以便让自己看清价值方向：

1）什么是对方遇到的真正问题（pain）？

2）对方希望解决问题后达到怎样的结果（vision）？

3）对方会用怎样的标准衡量结果（criterion）？

4）经过与对方的讨论，你将提供怎样的解决方案（solution）？

5）你的方案对对方认可的衡量标准而言达到怎样的程度？

要避免在配合中吃力不讨好，一要确认对方遇到的问题和解决后的预期；二要提供符合对方衡量标准的解决方案。在确认上述两点之前采取行动，很可能走向盲动。

在合作中，对方在阐述和表达中不可能按照你设定的自我提问的逻辑来探讨合作。因此，可以用以下步骤来引导对方，让自己把握正确的方向，做出有价值的方案：

1. 对方提出的是方案要求（solution）；我方提问对方发生了什么问题，导致了什么后果（pain）。
2. 对方诉说出现的问题（pain）；我方提问对方解决这个问题后希望达到怎样的结果（vision）。
3. 对方提出期望（vision）；我方和对方商量衡量达到期望的标准（criterion）。

4 在无信号管制处带好队伍

> 一个机床操作工的机油洒在了机床周围工作的地面上，车间主任叫他把机油清扫干净，操作工说，工作说明书里面没有包括清扫的条文。这位车间主任没时间去查到底有没有这条说明，就去找一名服务工来做清扫，服务工以同样的理由拒绝了。车间主任火了，威胁服务工说："你要是不干我就解雇你。"这位服务工考虑到自己是临时工，怕丢掉饭碗，所以勉强同意了。但干完活后，服务工立即向公司投诉。有关人员看了投诉之后，查阅了机床操作工、服务工、勤杂工的工作说明书，发现三个工作说明书里面都没具体规定谁来清扫机床周围的工作地面。

企业总是有那么一块没有部门管辖，也没有制度规定管辖的区域。你管理的部门一旦在这片区域出现状况，你作为管理者会如何处理？

这个案例说的是，工作时间内，机油洒在了机床周围的工作地面上，企业却没有规定什么人有责任承担清理干净的工作，这是个无人负责的区域！这就像在一条没有交通信号灯管制的马路上当警察，全凭你指挥。而这位车间主任处理问题的方式显然是效果不佳的。在这个问题的讨论中，管理者们提供了以下 3 种改进的处理方法：

A 方法：首先应该请人力资源部门的人来车间，向他说明这是一起工作说明书规定的条例对工作内容的缺失造成的纠纷。应该修改服务工的工作说明书，加上清扫机床周围工作地面的条例。今后按照新的工作说明书执行。然后向服务工解释，车间主任不是制定工作说明书的人，但他对车间的工作负全责。不能因为工作说明书规定上出现了疏忽，车间主任就无法对车间工作负责，况且企业也没有真的解聘服务工，但新的规定出来了，如果再闹下去，就会被解聘。

这种做法，代表了不少以业务为导向的管理者的管理风格。这种管理风格的优点是能够快速地、有针对性地、就事论事地解决问题。但这个可以解决地面清洁问题的做法却解决不了在扯皮背后员工不愿承担责任的问题。在一个团队中，只要有不愿承担责任的不正风气存在，就会不断有各种工作职责的间隙处纠纷的产生。

B 方法：抱着息事宁人的态度向服务工做出解释，说明是工作说明书没有写清楚而发生的纠纷。告诉服务工，自己会和人力资源部门一起来修改服务工的工作手册，弥补这个漏洞。

也有不少管理者本着维护和谐的人际关系的态度来处理这个问题。他们认为，这样做，既能让事情得到妥善解决，同时也没有引起两种不同工种的员工之间不必要的矛盾。只是，这种管理方法没有解决问题的根源——员工责任心的问题。不同工种的员工对有规定该做什么，没有规定该做什么过于计较，却对真正的工作价值不辨识，不买账，今后的纠纷仍然会不断出现。

C 方法：管理者应该把车间所有工种的工作说明书都调出来看一遍

后，找出所有的漏洞，都一一做出修改，以防再次由于工作边界不清发生扯皮和投诉问题。然后召开全体会议，宣读工作说明书修改结果。让大家都清楚知道自己的工作责任，并要求考试通过。对投诉的服务工个别谈话，指出他提出的问题是好的，已经得到了改进，但今后他需要负责地面清洁的工作。

以这个纠纷为开端，对所有岗位工作说明书进行梳理，使今后的工作更加缜密，并强调按新修改的岗位工作说明书的规定执行，是系统性解决问题的好方法。需要进一步解决的是，员工对新的工作说明书缺乏执行的积极性。也就是说，员工自觉自愿地执行新规定的意愿没有发动起来，很可能新的纠纷还会产生。因为工作说明书无法涵盖所有细节。员工只要在工作上不想负责任，就总是会有空子可钻。管理者就有补不完的漏洞。

这三类解决问题的方法是管理者普遍会采用的。C 方法已经达到了以点带面的思考维度，但管理者对如何能让员工积极参与缺乏管理经验，是普遍存在的问题。案例反映的，看起来是个跨工种之间责任边界的纠纷，但本质上仍然是管理者处理问题如何达到对短期和长期的结果都有好处，并对员工的积极性和能力这四个维度都有提升的课题。

所谓“无信号管制区”，就是那些工作职责界定不清晰但又在出现问题的时候必须解决问题的区域。进入这种区域，就像进入一条没有交通信号的道路，对于一个挥洒自如的优秀管理者来说，这个区域不正好就是实施管理和领导力的区域吗？正确的方案固然重要，人心所向更加重要。引导员工放下对错之分，看到事情的真正目的，并让员工自己参与到修正中来，不失为对事情的管理和对人心的领导双管齐下的妙招啦。

我建议可以这样做，来达成短效、长效、人气、能力四方面俱佳的成果：

1）召集全体工人参加会议，用讨论发言的方式让大家畅谈岗位价值与工作说明书所列职责之间的区别。让大家认识到，工作说明书不过是帮助工作价值实现的一种指引。

2）让大家来说，我们已经为了岗位价值做了多少超出工作说明书范围的工作。问大家为什么要做超出工作说明书上的事情。

3）让大家提议，为实现岗位价值，为更和谐地工作，如何修改工作说明书，让它涵盖尽可能全面的工作责任，确保每个工种岗位价值可以连成最终的车间价值。

管理者用这场纠纷引发一场关于岗位价值与责任边界的讨论，可以帮助大家都认识到，岗位工作说明书可能无法涵盖所有的细节，但我们对价值的追求是可以超越工作说明书的。

一个团队之所以优秀，是因为做了有价值的事，而不仅仅是做了规定的事。让大家参与修改岗位工作说明书，能建立对执行岗位工作说明书的拥有感。同时以各位员工的不同视角来看问题，可以更全面地弥补各工种工作说明书的漏洞。

5 如何说服不想帮忙的人

年底公司正在抓安全生产，我是负责安全生产的管理者。我希望请公司某车间的主任来协助我在下个月各车间的生产会上推广他们的做法。虽然他们今年出过安全隐患事故，但半年来的整改效果明显，可以给大家做分享。但无论我怎么说，车间主任就是各种推脱，不愿意出面帮我做这个分享。我该用什么方法动员他来帮助我，和我合作呢？

企业管理者常常会遇到这样的问题：对你部门是工作重点，但需要兄弟部门的协作才能完成。这个工作对兄弟部门来说并不是重点，甚至还有可能是麻烦。怎么才能让兄弟部门心甘情愿帮助自己呢？

我问：“他为什么不愿意帮助你来做这次分享呢？”

他说：“该车间主任强调年底车间活多任务重，腾不出工夫来帮助做这件和他的本职工作无关的事。还有就是，今年他们车间出的安全事故一直在被公司领导拿来当作反面典型批评，他年底站出来宣传自己车间整改如何如何好，很不是时候。”

我：“那你是怎么说服他和你合作的呢？”

他："你觉得需要我去说服他吗？安全问题是公司的重要事情。我也是从这点出发来找他帮助的。所以我首先应该告诉他这事对公司的重要意义，同时让他明白，他是做这件事情的不二人选。如果他感觉时间太紧张的话，我可以向高层管理者汇报，可以出面帮助他协调时间，以确保他在生产计划不被耽误的前提下，抽出时间来帮助推进安全工作。"

我："但你从这个角度没有能够说服他，对吗？你觉得他不愿意帮忙的真正理由是什么？"

他："本位主义思想作祟呗。就看他自己手头上的事、眼前的事，不能站在全局的利益上看问题。这种人挺多的。"

我说："这种人就是挺多的呀。"我给他举例《触龙说赵太后》的故事：秦国攻赵国，赵国向齐国求救，齐国要赵太后以自己的儿子长安君做人质，才肯发兵救赵。太后不肯，大臣们轮番游说。把赵太后说急眼了，说：有复言令长安君为质者，老妇必唾其面。不要说一个企业里一个小小的车间主任不能顾全大局，就是一国太后，也不能放下自己最爱的儿子的私利来顾全大局。"你觉得这是人的常态，还是非常态？"我问。

他被我的例子说愣了。

我们与他人合作的一个障碍就是以为可以用正儿八经的道理说动对方心甘情愿的相助。

我想说的是，如果大多数人都倾向于从自己的利益和立场来看问题和采取行动，无法站到大局上看问题和采取行动，那我们与其去批评这种现象，不如调转我们的视角，站到对方的立场上去看问题，让对方感觉不用站在大局上，只要站在自己的立场上，看到这样做对自己的利益和价值，不就能动员对方来和我们合作了吗？

就像《触龙说赵太后》后半段的故事，那个叫触龙的老头，站在赵太后爱儿子的立场上，劝说赵太后要给儿子建功立业的机会，才能有益于儿子今后顺利执政。触龙从这个角度对赵太后晓之以理，动之以情，让赵太后出于自己爱儿子的私利，为儿子的长远利益考虑，同意送儿子长安君去齐国做人质，达到了让齐国出兵的目的。

回到这个案例上，车间主任不愿意出手相助，是因为两个原因，一是确实太忙，没有那么多时间来帮助他。二是他认为到处去宣讲自己车间出安全事故这件事，对自己车间的形象是不利的。他为什么要在那么忙的情况下，还要去做一件对自己不利的事情呢？

如果你在说服别人与你合作的时候，不但没有命中别人愿意与你合作的动力点，反而踩在了他人的痛点上，他人百般推脱，就是不愿意合作，这也不是出乎意料的事吧。

那么，怎么做才是抓住了对方与你合作的动力点呢？

首先，要替对方找到要与你合作的理由，而不是你需要他来帮助你的理由。无论你的理由有多重要，都不是他的意愿所在。有的时候正好相反，你的意愿，很可能被他认为是对他有害。比如这个案例中的这位车间主任，如果你能帮助他在公司领导面前洗白他们车间上半年出现的安全事故，让领导看到他们的改进多么有成效，他是不是就愿意奔着这个目的和你合作呢？他可以把和你的这次合作看作洗白他车间的事故，甚至是获得表扬的一次机会。这才是与他合作的契合点。

同时，我们还需要真诚地了解他帮助你会遇到哪些困难。比如他太忙，时间不够等障碍。要想别人帮助你，自己得先帮助别人克服障碍，别人才能把手伸给你。

在说服他人与自己的合作中，启发对方动机和帮助对方克服障碍，是获得别人帮助，走向合作成功的两个关键点。这里，最重要的是启发他人做这件事的动力。

那么，他人与你合作的动力点会在哪些方面呢？

- 自己的成就感；
- 不被他人否认或排斥的愿望；
- 获得成长；
- 有利益关系；
- 出于也需要你今后的帮助；
- 对某件事的兴趣和热爱；
- 为了关系的和谐；
- 甚至可以是满足自己乐于助人的性格。

人都是为自己认定的价值而努力的。我们在与人合作时，只有“命中”对方认为的价值，合作才能奏效。

要替对方找到要与你合作的理由，而不是你需要他来帮助你的理由。要想别人帮助你，自己得先帮助别人。

我们与他人合作的另外一个误区是，忽悠对方，夸大对对方的好处，不是真诚地想在自己得到帮助的时候也让对方真正受益。我的建议是，如果你真的找不到与你合作对对方的价值和意义，你与其忽悠对方，不如直接邀请对方帮助，同时提问对方，自己可以帮到对方什么。

6 争执对错还是探讨出路

> 上司交给我策划市场活动的任务。在和上司讨论如何接待重要嘉宾的方案上，上司提出的接待方案和我的接待方案不一致。上司要按照上一次市场活动的接待方案执行，而我觉得，这次的活动规模比上次大很多，做不到像上次那样贴身接待。如果硬要按照上司的方法执行，我部门不但人手不够，需要向别的部门抽调，而且我部门员工并不熟悉这些重要嘉宾，贴身接待的效果不一定好。但上司坚持自己的想法，我该如何说服他接受我的意见？

遇到上司和自己的意见不一致的情况，怎么和上司沟通，才能让上司听取我的意见，又不至于让上司感觉没有面子？

有管理者认为，这个案例不牵涉到十分严重的问题，用谁的方案执行都没有太大问题。但一旦遇到非常重要的问题，我们执行层面的管理者和上司的意见不一致，关系到事情的成败，才是真要命。很多情况下，上司不是执行者，不一定知道其中的细节问题，给出来的执行方案不符合实际情况，但驳上司的面子，也不是个办法。

那位陈述案例的管理者说：“我说的这个案例也许不是个严重问题，但问题是结果不好，挨批评的还是当下属的。在这件事情上，我按照上司的方法执行，却发生了问题。我们的员工因为不熟悉重要嘉宾，但按照上司的方法，又要各自负责接待自己需要接待的嘉宾。你知道会发生什么情况吗？对自己不熟悉的嘉宾，需要询问对方姓甚名谁，但如果嘉宾不是你需要接待的，你放下人家再去找你要接待的嘉宾会很不礼貌，不放下又不好办。如果遇到的嘉宾正好是你要接待的，那除了引导入座，递上饮料和资料外，傻站在人家身边还能做点啥呢？结果就是整个乱套。我上司挨了他上司的批评，就拿我出气，说我执行不到位。这怎么是执行不到位呢？根本就是上司不听我的建议瞎指挥出的问题嘛。”

事情已经过去了，这是个怎样的案例，其实并不重要。对管理者来说，常常会遇到的重要难题是：一旦自己的意见和上司的意见不能达成一致，顺从上司会出问题，不顺从上司，也行不通。还有方法可以解决这类的两难问题吗？

有管理者说，放弃自己的方案，采用领导的方案，这没什么不对。做下属的，尊重领导的意见，执行领导的指示，这是本分。但必须把领导的方案可能发生的问题事先和领导说清楚。下属提出自己的不同意见也是可以的，但如果领导坚持自己的方案，那么，提出方案的是领导，执行方案的是下属，如果发生问题，应该是领导和下属共同承担责任。如果作为下属能在事先提出自己的不同意见，也能婉转地划分清楚责任，就不会出现结果不好被领导追究责任的问题了。

但划分清楚谁的责任，是我们的目的吗？我们与上司合作要达到什么结果？不是通过与上司合作产生高效业绩，同时有利于上下级和谐相处吗？这做法能对这两个结果都有利吗？

有人提出，那就先迎合上司的想法。然后再提问：员工们不是都认识这些贵宾，很可能找不到要接待的人，引起混乱，这个问题怎样解决？用先迎合再提问的方法来和领导沟通，既不得罪上司，又能揣摩到上司的想法，还能用提问引导上司看到方案的漏洞。

用先迎合再提问的方法，比直接否定领导的方案更易于被对方接受。这种方法用于辅导员工调整自己的方案会很适用。因为你的员工需要你先用肯定来鼓励，然后需要你用提问来进一步促进他的思考，给出自己的解答。这比你一味地向下属灌输你的想法要更容易教会下属自己得出解决问题的方法。但是，如果把这种方法用于与上司合作，你用提问让上司拿出解决问题的方法，就有些不合时宜了。应该是你拿出几种解决方法，让上司做选择题。而不是把问题上推，等待领导为你解决问题。

我们和上司之间，因任务的下达和结果的交付而形成上下级的合作关系。所谓任务，指的是上司布置给你的工作。比如，让你把会场布置一下；让把某件事情办了……但是，即使把上司交代的任务完成了，也未必达成上司眼里满意的结果。为什么？因为任务中还包含了两个重要因素，一个是任务完成得好坏的衡量标准，另一个是完成任务的方式方法。上下级之间，只有在任务完成的衡量标准，以及任务完成的方式方法上都达成了一致，才能确保任务完成的效果。

这个案例中的问题是上下级之间没有对任务完成的方法达成一致。我觉得，这不是上下级之间会出现的问题，在企业工作中，在我们的生活中，双方意见不能达成一致的情况比比皆是。我们经常会陷入非要坚持自己的意见，以自己的标准和方式来评论他人对错的误区。

对错真的那么重要吗？我要是这么问，大家肯定会说，当然很重要啊。大到国家之间的对峙、宗教信仰的不同，小到夫妻之间对孩子的教育方式的争论，不都是对错之争吗？但我如果问，究竟是我们需要达到的目的和目标更重要呢，还是方法更重要？大家肯定都会说目的和目标更重要。如果是目的和目标更重要，为什么不先在目的和目标上和上司确认后再讨论哪种方案更能有效地达成目的和目标呢？

举例我自己遇到的一件事情：一位客户公司的总经理给我打电话，很生气地对我说，为什么派另外一位讲师给他们讲课，而他们希望我去给他们讲课。看到没有？这就是一方对另一方提出的方案不同意。通常情况下我们会怎么对待不同意见？本能地就会卖力说服对方接受自己的方案，对不对？理由是，自己提出来的方案更好。可这样做，就等于是在说对方的方案不好，至少对方是这样感觉的，这恰恰是对方不愿意接受的。在与人的合作中，用违背人之常情的方式去处理问题，不能说别人一定不会接受，有虚怀若谷的人会愿意听取你的建议，但从大概率上说，人都不愿意听对方反驳自己。所以，我们为什么要逆流而上呢？

我采取的处理不同意见的方法如下：

我：您别着急，我想知道，您为什么非要我来讲课呢？（理解对方的真正想法）

他：我们这次是在渠道商大会上给渠道商讲课。上次渠道大会我们也请了培训师来讲课，但效果不好。所以这次我们需要慎重选择讲师。我觉得你过来讲课会达成好效果。

我：我理解一下你的想法，是希望讲师讲课能达成最佳效果，是吗？（用提问来让对方确认我对他的想法的理解是否正确。）

在对方给予我肯定的答复后，我继续问：您看，要想达到最佳效果，最关键的一是内容要符合听众需求，二是讲师的讲课风格和经验能够很好地驾驭所讲的内容，您说对吗？（确认客户接受我说的这两个关键标准。）

他：我看过提纲内容没有问题。我就想请你来讲这个课，就是因为你讲课讲得好呀。

我：谢谢您夸奖。您听过我讲过什么课？

他：领导力的课呀。

我：您这次需要我们讲什么内容？

他：渠道管理的内容呀。

我：我确实有讲课经验，但我没有做渠道管理的实战经验。我们给您请的这位讲师有十几年渠道管理的经验，他来讲这门课，会比我讲要更有实战效果。

他：是吗？可是……（还有些犹豫不决。）

我：我知道，您并没有见过这位讲师讲课，不知道他讲课讲得好不好，是吗？（在获得客户确认后我提出我的建议。）您看这样行吗？在您方便的时候，我让他到您的公司，您亲自来验证一下他是否可以给渠道商讲课。如果您认为没问题，就派他去讲，如果有问题，我们再探讨用别的方法。

我的提议很顺利地被对方采纳了。为什么？因为我引导他以他认可的衡量准则来作为决定选择哪位讲师的标准。这个不同意见的分歧，就这么很容易地被解决了。

争论谁对谁错，只会增加对峙，解决不了问题。从目的出发来确定衡量标准，才是解决争执的正确方向。确认对方方案合理的方面，能让对方易于接受自己的想法。

我总结一下以上的步骤：

第一步，先和对方确认目的。

第二步，再和对方确认达到目的的衡量标准。

第三步，用双方确认的衡量标准来衡量对方方案的可行之处。

第四步，对对方方案中存在的风险，提出自己的解决方法，并确认对方接受。

用上述步骤来解决各种方案之间的争论，可以帮助我们快速化解争论，达成一致。把上述步骤套入这个与上司意见不同的案例：

1. 先理解上司坚持贴身接待的想法是什么，并确认上司的想法。
2. 确认上司方案的好处。
3. 再提出贴身接待方案的问题：我们的人不认识贵宾，可能会造成混乱，而且过分贴身的服务也可能让贵宾感觉不自在，这会导致我们的想法不能实现。
4. 提出为了达到让贵宾感到被尊重的目的，自己再考虑一下如何防范风险的方法，再让领导决定。

7 面对多头领导的困惑

> 我是部门的主管之一，由于一些历史的原因，我现在的许多工作任务都来自我的隔级领导（包括直线隔级和虚线隔级），而不是我的直线领导，这让我感到比较为难。虽然我知道这些工作确实是我应该去做的，但是我感觉这个游戏规则似乎哪里不太对劲。

在各企业都存在这样的现象：一个基层管理者会遇到几个上司的调遣和指挥。当这几个上司不能达成一致的时候，受他们指挥的基层管理者就会陷入左右为难的境地。

我听过不少基层管理者向我抱怨遇到两个上司之间发生矛盾，把做下属的自己夹在其中，这种情况最让自己难受。有人说："要老是发生这种情况，我就不干走人了。"

如果遇到长期陷入多个领导互相意见不一致，一次次把自己拖入左右为难的泥潭的情况，选择离开这个部门，或者拒绝这个企业的这种做法，也不失为明智的选择。因为企业真的陷入派系之争，人群的能量就会走低，企业的效率会大打折扣。那么，与其在这里耗损自己，不如走出来，去选择一个更正向、更高效做事的团队。

还有人觉得，如果想在这样的企业生存下去，还想做成功，那就只能选边站了。谈到选边，很多人觉得这是不得已而为之的做法。所谓选边，就是为与其一次次在上司意见不一致的情况下做左右为难的选择题，让所有领导都看自己不顺眼，不如就选择跟随要么能力强、要么对自己支持力度大的领导。

我是不太认同出于自保而选边的做法的。因为自保是一种收缩的态度，不具备激活自己的力量。在一个企业做事，如果不激活自己的力量，是很难获得成功的。

如果我们在企业做管理，却总是放弃自己的力量，假设依赖他人能获得成功是虚妄的、不切实际的。从比你自己高阶的管理者的视角看问题，他们真正想拉近的人不是只会看自己眼色，投靠到自己门下寻求保护的下属。或者说，任何领导想与之合作的人，都是真正有能力、有品性的人。因此，在这个问题上，选边，肯定不是一个对自己最有利的做法。学会如何与上司合作，我是说，在各种情况下与上司合作，才是我们可以转化为自身能力，让他人更愿意与我们合作的正确方法。

什么叫与上司合作的正确方法？就是能保障自己不但能够在与上司合作中完成任务，也能在整个过程中加强或不损耗人际和谐的方式来进行合作的方法。进入到具体方法，我们不妨先把多个领导下达不同的指挥命令这种情况分解为以下几种情况：

1）不同领导对同一件事情有不同看法和做法，指示你按照他们的想法去执行。你面对要么采取A领导的A方法去执行，要么采取B领导的B方法去执行，左右为难。

我的建议是，在这个情况下，分别和两位上司沟通，向两位上司确认该项任务的目的和目标。如果两位领导的目的和目标是一致的，就用两位上司一致同意的目标来衡量两个不同的执行方法，向两位上司核实和说明自己对执行方案理解的部分，然后再提出自己认为可能会有风险的部分，并提出自己的解决方法，获得两位上司的一致认可后再去执行。

如果两位上司的目的和目标并不一致，就用自己的理解和两位上司分别沟通，用自己尚未理解之处提问上司，并获得答复。用提问方式确认和统一两位上司的目的和目标后，然后根据目标提出自己的解决方案，获得两位上司的共同认可后再开始执行。

如果遇到两位上司在目的和目标上总是不能达到一致的情况，用提问的方式向其中一位确认是否要按照另一位上司的意见执行，并根据得到的答复采取行动。如果在分别沟通后仍然不能达成一致意见，告知上司自己的建议，提请两位上司达成一致后再执行。

2）还有一种情况是，不同的领导指示你在同一个时限内去完成两件不同的事情，而你分身乏术，无法在同一时间内做两件事。

在这种情况下我建议，先向不同领导询问清楚事情的重要程度和紧急程度，然后按照事情的重要和紧急程度来区分执行的顺序。

如果两个任务的重要和紧急程度相等，询问上司是否能用增加人手的方法解决问题。或者自己提出执行顺序和方案，提请两位上司一致同意后执行。

3）另一种情况是，上司之间意见不一致，A 上司指示你去执行某事，B 上司要求你不做这件事，去执行另一件事。

在这种情况下，你需要向 B 领导询问清楚执行另一件事情的重要程度，以及和 A 上司布置的任务之间的关系。只有从任务的目的和任务之间的关系去理解，才能达成自己的正确理解。但在执行前，你需要向 A 上司阐述 B 上司的观点，如果能够达成一致看法，再去执行。如果不能达成一致看法，或 A 上司坚持反对 B 上司的做法，提请两位上司之间沟通达成一致后，再去执行。

在这里，我想提醒我们的基层管理者，首先要明白自己和自己的团队在整体目标实现中的价值是什么，以及如何让周边所有和你实现价值相关的人都认可你。如果你抓不住这个目的，也不能坚持你自己要体现的价值，那么即使企业没有多个领导的混乱，你也不知道该如何利用好游戏规则来实现价值。任何事情稍有变化，都会让你感到困惑。

如果你的价值目标非常清晰，那么，在与上司的合作中，你就可以不去介意上司对你的指挥是隔线的还是直线的。你就会去利用所有上司对你的支持，来体现自己在整体目标中应有的价值。

作为下属，与上司合作，只是职位不同，不代表上司一定正确，否则就觉得自己受了委屈。真相是：上司不但会错，上司在情商上甚至可能比你还低。上司也是人，也会犯错误。而你不过是在通过和上下左右的合作来完成某项任务。不同的是，完成有些任务，人际情况很简单，完成另外一些任务，人际情况复杂一些。在处理手法上，需要更多地用他人能够接受的方式来处理罢了。在这里，选边站、和稀泥或消极抗拒，都既不能促使任务的完成，也不利于自己的成长。因此，不妨把这类事情看作需要更坚定地抓住从目的、目标到执行方案的逻辑来判断任务的练习，看作需要在某个合作项目上理顺人际关系，确保任务顺畅执行的练习。

在多位领导意见不统一的情况下，如果因为你的执行，让多位领导都觉得表达意见更顺畅、任务完成得更顺利，那么，你就是所有领导都离不开，都想争抢的人才。因为你展示出了真正价值。

综上所述，我的建议如下：

1. 以工作价值和目的为导向地适应游戏规则。
2. 无论与隔级还是直线上级合作，都采取支持的态度，并寻求获得支持。
3. 在你的位置上，让上级体面地理解你的难处，远比去掰扯游戏规则对你有利。

8 上司对你的方案不置可否

> 自从我部门换了一个上司后，我的日子就不好过了。我做了充分准备的方案，在新上司这里没了下文。新的上司还不断让我给他提供新的方案，可是，我提了好几个方案，他却都没有给予是否启用的回复。我怎么和这种优柔寡断的上司合作？

自己提出的方案到了上司的办公桌上，很久都没有下文。上司模棱两可或不置可否的态度让自己不知进退，也不知道该不该追问。在这种情况下，作为下属该如何行动？

在让大家讨论这个案例的时候，有管理者说：上下级之间既然讨论了方案，上司布置了任务，下属提交了方案，无论是怎样的结果，上级都应该有一个明确的回复。这是上下级合作的工作反馈，也是上司应该做的。所以作为下级可以主动询问上司为什么这个方案没下文了。如果上司明确答复这个方案不可实施，那就应该请示上司如何改进方案。然后对方案做出改进，再推进方案的实施。如果另有原因，那这种做法也可以让自己清楚知道原因所在。不至于被蒙在鼓里自己郁闷。

但问题是，很可能是这位新上任的上司还不熟悉情况，对下一步如何做才能收到最佳效果，心中没数。如果是这种情况，下属用请教上司如何改进的方法来推进方案的落实，而不提供建议，很可能会让还不熟悉工作的上司仍然采取延缓执行的态度。

也有管理者认为：对连自己交代的任务都不认真答复的上司，下属可以主动采取方法来避免自己再次陷入无谓的劳动，避免让自己的积极性再次受到挫伤。比如，下次上司再布置任务，可以不用急着去完成。因为很可能上司又是说说而已，并不是认真需要得到一个执行方案。如果上司主动要自己提交方案，而自己并没有去做，可以故作惊讶地说："前几次做完提交了方案都没有下文，以为这次也是说说而已。所以就忙别的去了，没有做。"这样也是委婉提醒上司，自己的积极性被上司的行为打击了。如果上司理解到自己这样的行为会打击下属积极性，意识到不能再犯这样的问题后，自己再积极提供方案，才能保证方案得到上司的认真对待。

这种做法立即就遭到不少管理者的反对。他们反馈说，在自己不熟悉工作的情况下，遭到下属软中带硬的敷衍，感觉很不好。这种做法对上下级合作的结果很难起到正面推动的作用。下属暗中较劲的强势风格会让上司感觉到在还没有对下一步的工作如何展开形成完整想法的时候已经无法敞开心扉商量问题，失去了下属对自己的信心。

这难道不是上司的不作为导致的结果吗？有人说。

他说的确实有道理。上司对下属提交的方案举棋不定、犹豫不决，会让下属感到无所适从。这也是很多管理者遇到的头疼问题。但我们无法管理上司的做事风格，更无法左右上司的决策。如果要把事情往好的方向推进，我们能做的就是采取积极配合的态度。

但是，如何积极配合，从哪里做起呢？

我的建议是，不必从分析上司的性格做起。虽然人的性格会左右其决策的风格，但这可以不作为下属应该关注的最重要的因素。比如，在这个案例中，下属首先需要知道的是，除了可能的性格原因，上司为什么对做出决策犹豫不决？

我举我的例子来说明这个问题。多年前我接受联想集团给我的任务，承担联想集团管理培训的策划工作。我问培训负责人策划案需要达到怎样的要求，我得到的回答是：就按照柳总的管理三要素的原则来策划吧。大家都知道，柳传志的管理三要素是：搭班子、定战略、带队伍。这对我来说可是个硕大的立意。我非常清楚，如果我按照这个原则策划培训方案，我得到的结果也一定会和这个案例中的情况一样：培训负责人会一而再，再而三地告诉我，他们需要再考虑考虑。我的方案也就会在联想不断搪塞的“再考虑考虑”中被无限期地延迟。

为什么？因为那个培训负责人自己也没有办法用柳传志的管理三要素来评估我提交的方案是否符合他们的要求——缺乏对我提供的方案的评估标准。正是因为提出要求的一方对另一方提交的方案无从评估，才造成对方案的决策被无限期拖延。

只是这个结果没有发生在我的身上。因为我没有很快形成方案，而是先做了以下几件事：

第一，我先调研联想各级管理层在搭班子、定战略、带队伍这三要素上有哪些管理行为。我把这些管理行为分解后再归类到这三要素上。

第二，我对各级管理层在这些管理行为上的能力做了测评，得出联想集团的管理者队伍在这三要素的能力上，哪些是强项，哪些是弱项。

第三，我又对联想集团的战略方向，以及在这个战略方向上最需要管理者具备哪几项能力做出了归纳。

第四，在以三要素衡量了管理者的能力水平，并提出在目前的战略方向上首先需要提升哪些方面的能力的基础上，我制定了需要提升能力的目标。

第五，在以上事实与衡量标准的基础上策划了管理培训方案，让方案严丝合缝地针对上述分析后提出来的能力提升目标。

我的方案一次性获得通过。因为我不是仅仅提出了方案，而是先帮助培训负责人建立了对方案的评估标准，以及基于这个评估标准上的事实分析。

我想通过我自己的案例来说明，遇到上司犹豫不决，无法判断，最大的可能性就是上司缺乏评估方案的标准。也就是说，当上司不清楚应该以怎样的标准来评估你提出来的方案的时候，就会需要“再考虑考虑”了。

与其和上司较劲，或催促上司做出决定，不如先放下方案，和上司一起探讨和建立评估方案是否可行的标准。

提供以下的思路供实践：

1. 遇到自己提交的方案被上司不置可否的情况。首先可以判断，上司很可能缺乏对方案的评估标准和方法。尤其是自己的方案三次得不到上司批复，更应该考虑这个原因的存在。
2. 在这种情况下，用情绪处理问题和采取消极态度都是于事无补的。
3. 在提供自己的方案的时候，需要先和上司就方案的评估标准达成一致。

9 面对不可能完成的任务

> “在年度做规划时，领导告诉我说，明年的利润必须要提升 5%。需要从成本的缩减上来提升这 5% 的利润。落到我管理的人力资源部，领导要求在 5% 当中，人力资源部承担缩减 3% 成本的任务。但我认为这肯定是做不到的。”

上司布置的任务，在下属看来是根本无法完成的，但这又是上司交代下来必须完成的。下属应该如何面对这种情况？

对这个案例的讨论，是在一次由各个企业管理者参加的管理研讨会上被参会的管理者提出来的。这位人力资源部总监说，他在这之前已经按照上司的指示大幅度缩减了人力资源部门的成本。如果按照上司布置的成本缩减方案再行缩减，离职率就一定会上升，培训和招聘成本也会被缩减掉。这个任务，完成是个死，不完成也是个死。

一位担任总经理职务的管理者建议说：“有一种方法是可以试试的。就是裁掉一些人后，给留下来的人涨工资，最后合计下来成本是合适的。”

“但问题是，我已经这样做了。我确实觉得我能做的都做了，已经没有回旋余地了。当我去和我的上司做沟通的时候，我把所有的数据罗列出来，把可能存在的风险和可能存在的负面影响都告诉了他之后，他对我说，同行业的某某品牌利润不错，他们怎么能做到呢。他让我和这个品牌做对标，做横向对比。可在我看来，那个企业这样做是存在很大风险的。只是风险还没有发生而已。一旦发生，对于这个企业和这个品牌来说，这种风险是扛不住的。”这位人力资源部总监说。

这是在资源受限的情况下，去完成领导交付的任务。这是普遍存在的问题：你向领导要资源，领导告诉你“要枪没有，要命有一条”，让你自己去想办法，尽量做到少花钱多办事，不花钱办大事。

在这个问题上，布置任务的上司和做执行的下属之间在观点上存在很大的差异。下属坚持认为上司交付的是不可能完成的任务。上司则会问：“如果有人做到了，人家是怎么做到的，你至少可以去了解一下吧？很多事我们年初说做不到，到年底一看不都做到了吗。”你要做的是先定义问题，然后再测量落差，把数据拿出来分析以后，再用“提高”和“控制”这两个方法来解决问题。如果说用这种方法去努力，即使最后没有达成最佳结果，上司也看到你在努力做事。

一位总经理说：“从我的角度看，是下属没有想尽办法去做。比如，我交代下属这件事情要帮我办到这个结果，那么我肯定知道是可以办到的。如果我自己去办，我一定能办到。我就经常遇到这样的事情：向下属交代一个任务，需要达到某个结果。下属交付结果后我认为不对，不是我想要的结果。我让他回去重新做，他就说，你怎么能给我这么一个不可能完成的任务呢。我就说，那你看着我来做，我能完成。从我的角度看，这位下属就是在浪费我的时间，他没有想尽办法去达成目的。”

案例中的这位人力资源总监说：“我可以接受这个说法，也愿意帮助公司完成任务，但我希望上司能和我一起来想想办法，看看怎么样才能妥善地达到目的。但是我的上司却和我说：‘我不是人力资源专业的人，你是这个专业的人，我只能对你这个部门提要求，寻找问题的解决方法还得靠你自己。你要觉得我的要求不清楚，可以问我。但怎么做到，得你来告诉我。’”

上司只管交代任务，要结果。下属拿不出妥善的方案，事情就卡在这里了。

那位总经理认为，真正让自己头疼的问题是下属会先假设某个任务真的是完不成的。在这个假设之下，他拿出来的所有方案都指向不可能达成结果。下属会找各种理由和数据来证明为什么不可能达成结果。整个事情就变成非常负面，这才是真正的问题。

我问，作为布置任务的上司，这个时候你会怎么想？

那位总经理说：“我会觉得下属是在找完不成的理由，而且他的态度会很抗拒，也完全没有创意。在这种情况下，他当然会找各种理由来证明他自己有理，甚至会上升到价值观层面来排斥我，认为我不是个好人。而我的冲动就是赶紧换掉他，他肯定干不了这活，因为他不知道怎么干。我没有办法和这样的下属合作下去。”

那位人力资源总监说：“我确实认为这么要求压缩成本，就是上司的人品有问题。”

上司和下属就这样走到了快要合作不下去的地步。

我问：领导让你压缩 3%，你认为这是他提出的方案，还是他的真正目的？

他答：这是他的方案吧。他的目的是要提升利润。

我问：要提升利润是每个老板都希望的事情吧？这和人品没有太大关系吧？

作为下属，首先要去理解上司布置任务的真实意愿是什么，然后就是和上司一起来确定建立达成意愿的标准。在这个案例中，达成意愿的标准可以是：第一，提高利润；第二，能合法缩减成本；第三，还能保护员工积极性。在这三个标准下，我们可以创意地探讨各种方案，最后找到最妥善的方案。

我建议："你作为接受任务的下属，可以组织相关人员共同来探讨能够达成目标的方案。要让上司参与进来共同探讨，让上司能够自己得到结论，而不要形成你和上司的单独对峙的局面。"

在很多情况下，当一个人发现在一个维度上无法达成结果的时候，很可能意味着你的方法需要彻底改变。在这个案例中，可能根本不是计较在人力资源部门这 3% 的成本缩减如何实现的问题，而是裁掉整个部门，把人力资源的工作下放到每个部门去落实。企业必须要重视部门效率，哪个部门最不创造利润，可以把它全部裁掉，然后替代方案才会自然出现。

"我并不了解你的企业，我提的建议很可能完全不靠谱。但这不是问题的重点，问题的重点是你这样一点一点去计算如何缩减 3%，也许方向根本就是错的，你很可能需要打破边界去思考缩减成本的问题。而这个思考过程是可以发动大家一起讨论的。"我说。

但这还不是这个案例最关键的突破点。我们不是在帮助这位人力资源总监解决如何缩减成本的问题，我们是在帮助他解决如何与上司合作，尤其当下属认为上司的解决方案走不通的情况下，如何做出思考，正确地与上司合作的问题。

上司布置任务，也许在说目的或目标，也许在说不成

熟的想法。下属如果不能区分清楚，一旦上司的方案不够完善，又不可能放弃时，下属就会陷入和上司对峙的立场和无法执行的僵局。

这才是上下级合作达成结果的最大障碍。

在上下级的合作中，上司的方案很可能不靠谱，但上司的目的是一定需要被满足的。下属要做的是：甄别目的与方案，确立衡量标准，提供创意性解决办法。

有人会说，很可能上司交代的任务，就是穷尽方法也完不成的，怎么办？我的建议是，先看看结果，再做选择题。结果就是：进入上下级的心理对峙，对上级、对自己都是不利的；在岗不努力也是对自己、对上司双输的结果。选择就是：要么尽力去努力，要么放弃执行，承担后果。

10 怎样申请资源才不会被拒绝

> 某企业以市场营销咨询为主要业务。在一次其销售部门的销售业绩分析会上，一位销售人员说，销售业绩上不去的主要原因是销售人员的自信心和能力不足。咨询服务是看不见、摸不着的东西，本来就不如产品好卖。中国客户的购买心理是更倾向于实实在在，看得见，摸得着的东西，而我们却没有。在做客户拜访的时候，除了公司简介，我们没有别的东西可以证明我们公司的实力，所以不是很自信。他建议印制一份公司咨询服务项目的简介，印刷漂亮些，好让销售人员能唬住客户，给自己壮壮胆。自信了，有利于销量的提升。会后，销售经理向总经理提出一份印制服务项目简介的申请报告。

如何让上司同意自己的方案？尤其是当自己的方案需要上司批准资源支持时，上司不是那么轻易就能给予支持的。作为下属，从哪个角度和上司申请，比较容易获得批准？

我接着描述上述这个案例：

“需要多少钱？”总经理问销售经理。

“预计需要 3 万元。”销售经理回答。

“花这 3 万元能够提高多少销售业绩？”总经理问。

“这很难估算。我觉得我们应该采取必要的行动来提高销量。这是我们想出来的积极办法。”销售经理答。

“我是问，你认为销量上不去是什么原因？”总经理继续问道。

“是员工缺乏自信，因此阻碍了销售能力的发挥。”销售经理答。

“那你认为花 3 万元就能够提高员工的自信心和销售能力吗？”总经理问。

“这……”销售经理感到很难回答这个具体的问题。

这次的资源申请就这样不了了之了。

我问这位提出资源申请的销售经理：“你觉得总经理为什么对你的资源申请不置可否？”

他答：“总经理不认为花这笔钱就能提升销售人员的自信心吧。但印刷宣传册也是必须做的事情，这是基本的销售工具。”

其实问题不在于是不是要花钱印刷宣传册。问题在于，按照销售经理的逻辑，销售业绩不好 = 销售人员没有自信，提升销售人员的自信 = 印刷好的宣传手册。总经理认为销售经理的这种逻辑不成立，说服不了他。

常常听到上级和下级互相抱怨。上司抱怨下属汇报工作、申请资源时，说话总是不在点上。上级会说：“最怕听下属给我放 PPT 汇报工作，不是掐头去尾只说中间，就是没头没尾没逻辑。一味告诉我，自己做了哪些工作，根本不管我关心的是什么，我需要听到什么。”下级会说：“向上级汇报工作、申请资源的时候非常紧张。不知道上级会突然问我什么问题，什么时候会打断我说话，什么时候会不满意……”

上下级之间，就像在隔山打牛，听的人不知对方所云，说的人不知道对方是否能接受。

说实话，我作为上级的时候，听下属和我谈工作或申请资源，也会有同样的感受：对方把我不想知道的事情说了一大堆，我想知道的却没说明白。为了既不打击对方的积极性，也能让我自己听明白对方想说什么，我往往就只能主动提问：你先别这么说个没完，你得先告诉我，你说这些给我听，是想让我知道什么，想让我帮助你解决什么问题。你得先让我理解这个问题，我才能带着目的去听、去理解、去判断。否则，我听了半天，都不知道你说到最后到底要我干什么。

遇到下属申请资源，而我并不知道是否能解决问题，我也只好从他使用资源的目的开始问起，并需要了解为什么他认为使用所申请的资源能达到目的，还希望他提供几种达到目的的解决方案，好让我来做比较和选择。

从上级的视角来看，下属如何汇报工作才能申请到资源？我就以这个案例为例来阐述一下能让上司快速抓住要点的阐述步骤。

第一步：先说明你需要请示或汇报的工作的意义——目前的销售业绩状况如何，希望在怎样一个阶段中达到怎样的业绩指标。

第二步：让上司明确知晓，要达到这个业绩指标，需要克服哪些主要障碍。比如，员工哪方面销售能力的提升、客户数量的增加、销售策略的改进、销售工具的制作等。

第三步：告知上司为克服这些障碍，自己的部门会采取哪些主要措施。

第四步：列出执行计划。

第五步：需要上级批准的资源支持。

第六步：提供几个资源支持方案，让上司做选择题。

案例中那位对销售经理的资源申请不置可否的上司，之所以只是提出问题，不予答复，是因为销售经理不说明要实现怎样的业绩指标的提升，却把制作销售工具当作提升员工信心、提升销量的唯一方法。这种没目的、没逻辑的资源申请，很难说服和让他的上司采纳。他的上司对他的申请只是提问，不置可否，已经算是温和的态度了。

向上司申请资源，需要用你的思路获得上司的认可，才能得到支持。这好比向客户销售产品，需要你用产品价值，获得客户对价格的认可。

因此我建议：首先，向上司汇报工作或申请资源，需要先说明所汇报内容对于自己部门的工作和上司而言的重要意义以及需要达到的目的和目标。其次对如何达到目的和目标做出有说服力的分析并制订行动方案。最后还要对自己需要的资源支持提出可供上司选择的方案。

上述三点，是让自己能够快速与上司达成一致，并获得支持的关键逻辑点。

下　篇

领导力
坐而论道

CHAPTER6
第6章

从实践反观理论

写这本书躲不过论道。其实，有那么多领导力论述堆在那里，本书就没有必要从头论起了。所以，本书里的论道，是将真实的现状与那些被神话的、似是而非的有关领导力的观点做对比，是以“下篇：领导力　坐而论道”陈述了我对领导力的一些主张。

1 领导力的实践问题

〈领导力无法从书本习得〉

所谓领导力，应该是针对领导力发挥的三个方面构成的情境而言。这三个方面包括：领导者自己、他领导的员工、他要完成的任务。从领导者的视角出发，涉及两个方面：要完成的任务和要领导的人群。管理学和领导力大师所著的各类论述，基本上都是在上述两个范畴之内对管理逻辑（你对事情是怎么思考的）以及领导艺术（你如何影响他人），做出细分或深究。

从管理逻辑这个维度来看，领导者的能力，指的是对“大于”个人成事的格局下的逻辑思考能力。这里指的“更大格局”和褒奖无关，只是相对于自己独自完成任务的“业务格局”，管理格局更大。领导者需要看得见他想做的事情得由多人、经过一段时间的合力才能完成，因此需要在时间推进线上对过去、当下和未来做考量，在空间安排上有全局性的组合和安排能力。大格局思考需要具备领导众人成事的眼光，而行动需要心胸和力量。心胸小、力量弱的领导者，即使眼光够广阔，也带动不了大局运作。论及管理的逻辑，可以从找方向、定战略和组织逻辑设计的方方面面展开，还需要涉及对外在情况的分析，不是我在此三言两语就能穷尽的。

我读过的有关管理和领导力的书籍，大多只是阐述有关领导和管理

“是什么”和“为什么”的道理。管理逻辑如何在时间和空间的框架中按照最佳计划来展开和实施，尤其是涉及如何引导团队成员按布局来成事的指导，这类的论述不仅少之又少，而且多数实战意义不大，甚至都不及《孙子兵法》那般能够真正指导将领打仗。我还注意到这样一个现象：在关于管理和领导力的研究中，在对领导者自身的研究上，所有书籍教导的似乎可以概括成一个指向——领导者自己必须首先是神！我从未读到过任何一本有关领导力的书对领导者自身做出过真正贴合实际、贴合心性的描述，也很少有问题解决导向的指导。

似乎越是有名望的管理和领导力专家，所著书籍越是倾向于坐而论道。很多试图学会领导力的管理者都会有这样的感觉：辛辛苦苦学习各种有关领导力和管理的内容，能说出不少大师的名字和金句，但到了应用的时候却只能调侃自己，学了一大摞的真理，就是不知道该用哪一条。从这点来说，大多数的管理和领导力的书籍，所起到的作用，似乎只是让别人同意其论述。

见过、听说过很多大企业的领军人，似乎很少听闻哪位优秀领导是因为读了管理和领导力书籍成功的。有一次我对一位著名的网络公司的一把手做访谈，提问了他对他的直接下属有什么样的能力要求，需要我在培训中加以重点关注。他答：“按你的思路讲课就好。反正我也不觉得领导力能学得来。”虽然他这话说得简单粗暴，倒也暗合 *Leader to Leader* 中对领导力的阐述：“Leadership cannot be learnt mechanically. It is enlightened soul and the art of expression that overwhelms the spirits of people or rather, followers.”这段话没有官方的中文译文，我是在当时读书时记录下了这段话，却不记得是哪位领导力大师说的了。我将这段话译成以下中文：“领导力无法被生搬硬套地学会。领导力就是用觉醒的灵魂和表达的艺术点亮人群或者跟随者的精神。”我很同意他的观点，我倒不觉得领导力这事真的只可意会，不可言传，但要是说领导力靠实践、靠体悟习得，还是靠谱的。说领导力能靠书籍学得，很不靠谱。说领导力是实践者先实践，而后得到原理的支持和校正，这话也许更靠谱些。

总之是由于上述这些原因，我从未觉得哪本领导力和管理的书籍会真的对想学习管理和领导力的人起作用。我的工作是让学员学会和掌握领导力这门技能，也就是把学和习放在一起，让学员干起领导的活儿来能更加得心应手。

〈领导力始于面对真实的自己〉

美国领导力专家吉姆·柯林斯（Jim Collins）的作品是基于尽可能全面而客观的调研。他所著的《从优秀到卓越》（*Good to Great*），基于他和他的研究小组五年时间的调研。最后的结论就是他发现有如下五个等级的领导人：第一个等级为能力突出的个人——能运用好个人的智慧、知识、技能和良好的工作作风，做出建设性贡献；第二个等级为乐于奉献的团队成员——为实现集体目标贡献个人才智，与团队成员通力合作；第三个等级为愉快胜任的经理人——组织人力和资源，高效地朝既定目标前进；第四个等级为坚强有力的领导者——全身心投入，执着追求清晰可见、催人奋进的远景，向更高业绩目标努力；第五个等级的领导人能将个人的谦虚品质与职业化的坚定意志相结合，建立持续的卓越业绩。就像他的《基业长青》（*Built to Last*）以调查结果告诉大家伟大的公司具有哪些特质一样，他的《从优秀到卓越》也是以调研结果来告诉大家优秀的经理人都有哪些特质。这样基于客观筛选和正态分布的结论，必然是为了让其结论无可挑剔。

但令我感到困惑的是，他的结论对培养领导者能起到什么作用呢？

让人依葫芦画瓢地通过学习而走向第五个等级的领导人吗？我看到的现实情况是：他对卓越企业的结论并没有能够帮助不太卓越的企业变成卓越的企业，他对五级领导人的总结也没有帮助下一级领导人变成上一级领导人。从成功的企业和个人身上推导出来的那些成功要素，在那些看上去不怎么成功的企业和个人身上未必会起作用。所谓榜样的力量，更多的是精神性的鼓励，并不是实际上可以通过复制而学会的。

我还想问的是，一个企业或个人要能够成长到在他人眼中卓越的地步，其最重要的元素，究竟是机缘巧合更多呢，还是使命创建和领导品质更多？我更容易相信成事在于机缘巧合，也就是说，我更相信当有天赋、有运气的人巧遇机会（也就是大小风口），事情就会顺水推舟般地浮现出卓越的现象。当这样的机缘巧合消失了，那个卓越的现象也就消失了。再伟大的公司都不可能基业长青，就像再长寿的人都有一死一样，这是不需要调研就能获得的常识。我不知道吉姆·柯林斯在惠普真正从事一线管理和领导有多长时间，是否有过面对面、手把手地传授给管理者们解决实际的领导力难题的实践。从他的著述风格看，他应该是做咨询和在大学教书的时间远多于亲身投入领导企业的时间。他可能没有长期坚持不懈地自己做老板、自己给员工发工资的经历。我不认为没有这样经历的人所写的领导力书籍一定就是纸上谈兵，但我认为经历过大量领导力问题解决的人所分享的方法更有实战指导意义。

假如靠书本无法学会领导力，著书立说的专家的结论未必指导得了领导者的实践。那么，对于领导者来说，什么才是靠谱的成长路径呢？我领导自己的小企业近20年，并为几百家大企业的领导者解决实际问题的经验告诉我：真正优秀的领导者并不是始于远见卓识和大神一样的品德。真正优秀的领导者始于让自己和他人面对真实，并乐意采取积极的、有助于实现目的的行动。作为领导，就算你很想时时刻刻都能号召下属跟随你，就算你小腿发颤并不淡定，你也得让自己首先面对真实。这很难吗？这确实非常非常难。难到各种领导力书籍都在告诉你：不管你是不是神，你都得把自己当神；难到领导者自己也不得不装神。

什么是领导者需要面对的真实？不仅仅是面对他需要做成的那件事，更重要的是面对自己——相对于你要领导的人群而言，你肯定不是神。那么你是谁？你可能是一个打心底不想当领导，只是为了前途、为了权力、为了利益、为了金钱才走上领导岗位的人；你可能某方面的能力还不如下属；你的心胸和远见也未必好过你的某个下属；甚至你还有些和领导力挨不上边的虚荣心、焦虑感；总之你就是一个和员工没有太大区别的普通人，但你偏偏就站在领导你下属的位置上，所以你就必须做成领导他们这件事。不管你是谁，无论你有怎样的心情，都是真实的自己——这才是你领导他人的真实出发点。

这真是没办法的事，只要你尚未真正认清自己的心情、自己的需求、自己的优劣势，就开始迫切需要你的下属交付结果来让你获得成就感，需要下属尊重你来让你获得优越感。那么，你和下属之间领导与被领导的关系所创造的生产力就会因互相糊弄、互相忽悠而缩水。

撕开皇帝的新装，打开天窗说亮话：领导，就是从真实的自我出发而形成的领导者和员工之间的互动关系。这就是领导者要面对的真相。一个领导者面对的最大难题是面对自己，以及自己和团队之间的关系——你和你的跟随者以怎样的关系相处才能产生你要的结果？这就好像进入婚姻的人必须面对自己和另一半如何相处才能让感情保鲜、家庭圆满的问题一样。只要你走上领导岗位，就和你步入婚姻一样，哪怕你就是个素质和能力真不怎么样的人，也会被逼得不得不面对这个问题。

〈领导者的最大挑战是自己和下属的关系〉

先提几位著书立说的管理和领导力大师的观点：

美国领导力专家詹姆斯·M. 库泽斯（James M. Kouzes）和巴里·Z. 波斯纳（Barry Z. Posner）在 *Strengthening Credibility*（此书没有中文翻译。书名权且称为“加强信任”）中说的：“我不认为领导是一个职位，我也不认为领导是一个技能，我把领导看作一种关系。”（I don't think of leadership as a position, I don't think of leadership as a skill, I think of leadership as a relationship.）我认为这话说得有点问题，领导当然是一个职位，没有职位这个最基本的定位，领导者无从形成领导者与被领导者的关系，但他把领导比作关系，他也算是看得很透彻了。

关于领导者和被领导者之间的关系问题，我看到的精彩论点有《领袖对话》（*Leader to Leader*）那些管理专家的论述：“创造一个让人可以将自己最好的一面淋漓尽致地发挥出来的环境是一个领导面临的首要问题。”（Create an environment where people can play the best part of themselves is the top issue for a leader.）

还有：“领导者需要收敛自己的优势，以便让其他人发挥作用，这就是其领导多元化之途。能为了给他人留出发挥作用的空间而承受痛苦、限制自己，正是这种必备品质造就了伟大的领导者。”（A leader needs to be abandoned to the strengths that others bring is the way leading to allowing diversity. And also the ability of bearing pain, restraints for leaving spaces for others is a must that makes a great leader.）

这些论述我没找到中文，暂且就按我翻译的来理解吧。我以为这些是大实话。所谓领导力，皆领导者和跟随者关系处理的问题！老子在《道德经》中论述领导和群众的关系：“太上，不知有之；其次，亲之誉之；其次，畏之；其次，侮之。”翻译成白话文就是说：最好的统治者，老百姓不知道有他的存在；比这逊色些的统治者，老百姓亲近他、称赞他；再次的统治者，老百姓害怕他；更次的统治者，老百姓轻视他。其实有了老子这几句精彩绝伦的短语，按图索骥地去考量领导者定不会出错。

我自己的体会是在处理自己和下属的关系中还有比这更大的挑战。那就是：领导者即使其个人能力和魅力十足，即使指挥大家做事的正确概率在 90% 以上，即使成为团队不可或缺的财富，也同样可能会成为团队的阻碍。领导者和群众的关系，是领导者不但在他人比自己做得更好的地方让开空间，而且具有十足的承受不完美的耐心，在自己总是做得比他人好的地方也让开空间，才能成全领导者与群众的最佳关系和最大生产力。

那些众人眼里伟大公司的伟大领导者，从苹果的乔布斯、GE 的杰克・韦尔奇，到咱们中国的马云，还有让我非常钦佩的任正非，他们的公司都够伟大了吧，伟大的领导者们一个个都是有血有肉、有优点、有缺点的活生生的人，他们都需要面对自己个人的身心自由和企业、市场对他们的要求之间的矛盾，试图在成就事业和成全自己中找到自由和平衡。处理好这种关系有多难，只有他们自己知道。让他们褪去领导者的“皇帝新装”，说出自己的真心话，会比吉姆・柯林斯的调研更真实。

再说说现实情况：如今企业的发展，尤其是拥有几万、几十万人的大企业，用三人一组便得有个兵头将尾，几十人一伙便得任命一个中层管理者来计算，企业需要多少人走上领导的岗位？在这些人中找个第五个等级领导者试试，很可能一个企业连一个第五级领导者都没有，甚至连第三级领导者都难能可贵，都是非常正常的事。

说到这里，应该会有人提出问题了：领导和群众的关系，难道不是领导要以身作则才能领导得了群众吗？从这点来说，训练领导者就算是造神，也是必经之路、必做之事，应该不会有错。

我觉得造神就是错之所在。往大神的方向训练领导，这是领导力专家们虚构的理想。把理想投入实践，等于在促使弄虚作假的发生，那么多神化不了自己、但被教育逼得认定自己当了领导就必须往神的形象上靠拢的管理者们，在遇到问题的时候，通常会选择两类方向来处理和员工的关系：要么用批评指责员工的方式让自己站在道德制高点；要么给员工“画大饼”，把自己逼入信誓旦旦拍胸脯却办不到的尴尬境地。这两类自欺欺人的法子从来都不可能从与员工的关系中获得好效果，只能在导致员工们不服、不信的同时，还让员工天经地义地把解决问题的出路托付给了不得不自认为是“神”的领导者。造神的领导力，直接导致了领导者与下属互动关系中结果的低效，甚至无效。

如果领导者能更真实一些：领导者也就是个普通人，领导不过就是个岗位。在岗言岗，领导者都是乐见能出业绩、能扛事的下属，这就是领导者的诉求。如果领导们能先把领导看成岗位，在这个岗位上界定自己究竟想产出什么，仅此而已，是不是下属们在心态和能力上也更容易各就各位？下属也该像领导者一样，自己选择接受任务、承担结果。领导不是下属的父母，更不是大神。领导者是会为了获得结果来考虑怎么和下属合作的普通人。为了获得领导者的支持和配合，下属自己就知道该如何行动。

现在再来谈谈究竟什么是真正的以身作则。就是认可自己不必须是神，认可自己只是从岗位责任出发来面对下属，并把下属看作只是位置不同的独立合作者。以身作则，可以是领导以领导者的岗位定位，以此来要求员工以员工的岗位定位自己。当我们把这两者之间的关系清晰地简化到这一步，事情就好办了。

〈领导者在岗言岗，事情就好办了〉

实事求是地说，领导首先只是一个岗位。领导这个岗位和其他岗位的最大不同只是在于工作内容上的区别。所谓在商言商，把它换成在岗言岗，这个理也是通的。也就是说，只要自己决定了要接受领导这个岗位，就得让自己在这个岗位有准确的定位。所谓定位，就是身在位、心在位、能力在位的三位一体。作为领导不起领导的作用，作为下属不履行自己的岗位职责，从逻辑上说那叫悖论，从心理上说那叫扭曲。你作为领导为什么必须引导群众？这没有什么可问的，这是领导者自己的选择，也是这个岗位的职责。一个人可以选择走上领导岗位而做这个岗位的事，也可以选择不接受领导岗位所以不做这个岗位的事。但如果你选择接受岗位而不做这个岗位的事，身、心、岗不协调，那就必须承担自身环境的扭曲和后果。比如项羽，这个项家军的头号领导者，偏偏就有一颗个人英雄主义的心和一身个人英雄的能力。项羽死就死在上岗不认岗，偏喜欢当个人英雄上。打败了项羽赢得天下的刘邦和他最大的不同，不在于刘邦具备“第五级经理”的品质——刘邦在那么多人眼里就是个流氓，但刘邦还是做了汉朝的开国皇帝。他开创的汉朝这个“企业”够大，和他是不是第五级经理没太大关系。刘邦胜了项羽，除了时势造英雄外，最大的原因就是刘邦当一个领导者，打心眼里就认可自己的定位，他可以没有萧何、张良、韩信这三员大将的业务才干，却在岗言岗，作为一把手能把他手下这三员大将使用得高效而流畅。这就是在岗言岗、身心合一的高效结果。

说到这里，就牵涉到一个很关键的问题了：身、心、能力都在岗的领导者多吗？我看到的现象是：实在不多！那该怎么办？那我就再换个角度说。

在我看来德国唯一能打动人心的书是管理大师莱恩哈德·斯普伦格写的《个体的崛起》。该书以其颠覆性的管理哲学，几乎引发了一场管理文化的革命。在该书中，斯普伦格以有别于传统的理念，深刻分析了现代管理方法中存在的弊端：

- 整个管理学的思想体系，就是把对儿童的思想教育，转移到员工身上。
- 一个人有什么权力按照自己的意愿去改变他人呢？是谁赋予了管理者权力，让他们可以随意把员工训练成自己想要的模样呢？
- 帮助每个人找到适合自己的任务，这是对个体的最高的尊重。

这本书正好也说出了我想说的话。领导者和下属的合作关系，一是通过互相的选择，形成上下级进行工作合作的关系；二是对自己岗位的清晰定位，以身作则地让员工也做出承担岗位责任，并对结果承担责任的承诺。领导者领导员工的首要任务，是把合适的人放到合适的位置，并用合适的机制让下属自行发挥主观能动性。没有人需要被教育、被激励，如果一位员工需要领导者不断地激励，很可能说明他不适合这个岗位的工作。

我知道很多在岗的管理者并没有选择合适的员工的权力，这确实是企业的制度设计问题。不过，这也可以是管理者选择走上领导岗位的时候可以和上级商讨的问题——前提条件是，你以你成事的能力证明给你的上级看，你值得被信任。如果你真有这个能力，那么，你作为领导者，进入哪家企业都能正常发挥你领导的能力。

总结如下：

1. 领导只是一个岗位；
2. 在领导岗位上推动任务完成，基于领导者与下属在各自岗位上独立而合作的互动关系；
3. 领导者和下属之间有利于结果的互动关系，需要领导者把自己看作正常人性下肩负领导责任的人。只有自己不当神，才能使下属不把自己当真神来靠，不当假神来糊弄；
4. 领导者的岗位技能、手艺、功夫，可以学会，可以习得。

2 是执行不力呢，还是领导无方

员工干得辛辛苦苦，管理者们却感觉是自己在给员工打工。上上下下都很疲惫，工作效率低下，这种现象各个企业都有。“提高执行力”几乎成了每个企业的常用词。

在企业做事就只有“两种人”：发号施令的领导和执行落地的员工。执行不到位，究竟是领导无方，还是执行不力？

在管理者眼里，做事不对结果负责，肯定是员工的问题。前几年为强调执行力，不少企业领导都买了一本叫《把信送给加西亚》的书送给员工读，目的是要求员工要具备不折不扣的执行力。但这似乎也只是领导们的一厢情愿，我从未听说过这本书增加了哪家企业员工的执行力。为什么？因为企业的情况千变万化，员工往往搞不清楚在怎样的情况下怎样处理才最符合企业要求，才算是执行到位。

在变化的情况中员工搞不明白如何执行是吧？那领导就教导员工，让员工学会像总经理一样思考问题。“像总经理一样思考”，这句话也是企业领导者教育员工的标配句子了。因为他们认为，员工要是能像总经理那样思考问题，就比较容易理解如何执行了。但这实在是很不靠谱，员工就是员工，员工要是有能力像总经理一样思考，那就不会做员工的事，就能直接当总经理了。领导要员工“像总经理一样思考”，想法是好的，但又撞在“执行不了”这块拦路石上。

不同的领导，就有不同的解题方式。不少企业领导的方法就是增加员工对企业使命感的理解，指望用使命感武装员工，让员工能自发地解决问题，认为通过这也就能提升员工的执行力了。

什么是企业的使命感？就是企业存在的根本价值，或者说是企业为之奋斗的目的。但这得叠加三层逻辑才能实现执行力的有效提升：其一，员工需要真正理解企业的使命；其二，员工需要对企业的使命感充满热情；其三，员工能够踩准企业使命与自己要完成的任务之间的关键点。

企业的使命是企业创办者的目的，很大程度上与员工的个人目的不是一回事。绝大多数员工原本并不是为了企业使命来工作的，他们来企业工作，满足企业需求的目的，是为了达到自己的个人目的。也就是说，企业的使命很可能和员工的个人目的不相关。这话听起来不好听，却是事实。难道管理者不是为了自己的目的来企业的吗，老板办企业不是为自己的目的吗？大家各为自己的目的而努力，无可厚非。只是如此分析下来，管理者就能看到，仅仅要让员工做到对企业的使命的理解和热爱，就已经不容易了，还要让员工能够踩准企业使命和任务执行的关键点，就更不容易了。

也就是说，领导者从这几个大道理上去要求员工提升执行力，基本是无解的。

既然领导者讲大道理提升不了员工的执行力，领导者是不是可以放下大道理，不要总是把眼睛盯着员工，把眼睛收回来，审视一下自己交代员工执行的事情本身，找出执行链条上从一个关键点到另一个关键点的串联线，也就是找出合成执行力的关键点。

也就是说，执行力问题的解，不在员工是否缺乏执行力，也不在员工是否理解和热爱企业使命，而在于领导要让员工非常明确地知道自己完成工作内容的目的——管理者是否让员工清楚知道，完成工作内容，只是做了工作，但并不能说明达到了目的。就像我写这篇文章是我的工作内容，但我写这篇文章的目的是让管理者明白一些有关领导力的有效做法。写文章只是方法，这个方法是为了配合我达到目的。同时我也得明白，写文章不是确保目的达到的唯一方法。如果我把写文章当作唯一，那对我的目的来说，就很可能执行不到位。

是谁应该让员工先要搞明白：什么是他的工作内容，什么是通过工作内容的实施要达到的目的呢？是谁需要制定达到目的的衡量标准，而不是让员工仅限于埋头执行工作内容呢？当然是领导者。

我曾经问一位销售人员，你的工作内容和工作目的都是什么？他回答，我的工作内容和目的都是销售啊。我问一位财务人员的工作内容与目的，他回答，我的工作内容和目的不都是负责报销吗？但我认为，销售人员做销售只是工作内容，为公司盈利才是销售的目的。财务人员做报销是工作内容，保障公司财务安全的同时也为员工工作带来便利才是目的。

在我实施过培训的企业，大多数员工都很清楚地知道自己的工作内容，但很多人都不怎么清楚工作内容所针对的最终目的，更不清楚目的是否达到的衡量标准。KPI 考核指标，在销售部门指的是销售业绩指标；在其他说不清道不明职责范围的部门，只好拿工作内容的完成做 KPI 考核标准，这样的情况不在少数。问问企业的 IT 部门如何衡量提供 IT 服务的工作成绩，那才真是无从下手：用其他部门的满意度来衡量吗？很多部门提出的服务需求本来自己都说不明白，或者根本就是无厘头的，浪费了企业很大的精力和资源。这笔账怎么算？怎么衡量这种执行力？

如此这般，执行力就变成了一个不透光的黑洞，所以就有了前台人员认真地执行规定而忽略了重要来宾的感受；销售人员为把产品卖出去而向公司索取更多的折扣政策——只要能把产品销售出去，自己的工作就算完成了，哪怕是亏本卖出去也在所不惜。一家著名企业的高管忧心忡忡地告诉我，该企业的销售业绩以 70% 的速度增长，而利润和以往相比却缩水了 30%。

就连管理者可能都未必清楚：销售的工作内容是销售，工作责任却不止于销售；财务报销的工作内容需要服务于目的的达成。我给企业家和职业经理人讲实战管理时，总是在一开始给大家的作业就是制定学习目标，结果很少有小组能够清晰制定学习目标。

某企业高管学习小组制定的学习目标是：提高管理水平。我批作业：这是学习的目的，不是可衡量目的是否达到的衡量标准。于是该学习小组将目标修改为：争取小组在两天的培训中取得第一的名次。我再次批改作业：这和提高管理水平的目的不符合。因为学习得第一未必就能提高管理水平。我给出有关的“名词解释”：

1）目的回答为什么做这件事，而目标是衡量目的达到的程度。

2）把目的当目标会让所有事情不可落实。

3）制定目标不符合目的，会造成行动与目的南辕北辙，事倍功半。

什么是基于目的达成的衡量标准？很多管理者都能振振有词地说出 SMART 原则。只是，振振有词的书本知识和管理实践中简单而基本的逻辑毫无关系。所谓目标、所谓衡量标准，最简单直白地说，就是在一定的时间跨度中对数量和质量的满意度。比如，管理者对销售工作的考核标准用业绩指标与成本衡量的双轨标准考核，销售就会自己先算计一下需要多少折扣来支持自己完成双重业绩指标，这样就确保了销售工作真正目的是为企业盈利。又比如，管理者把报销工作的考核标准定为正确率百分比和员工满意度百分比，财务是不是会在确保财务安全的情况下主动调整对其他部门员工的服务态度呢？如果管理者告诉前台的工作标准是贵宾满意度和公司安全度，前台工作人员是不是自己就知道与贵宾更好地说明和沟通是必要的呢？

企业缺乏对工作目的达成的精准衡量指标，也是执行不力的最大问题之一。管理者自己缺乏根据目的来制定衡量标准的精准度，才是执行不力的真正问题。管理者把这种似是而非的烂球踢到员工层，执行走样不过就是一定会接踵而来的问题罢了。

中国厨师教人做菜通常说的是：放盐少许。但能把握“少许”是多少者不多，十之八九就执行不到位。我记得我在学做蛋糕时，菜谱上清晰描述：3 个鸡蛋、6 两面粉、6 两黄油，搅拌均匀，入烤箱烤多少分钟。我只要按菜谱规定准备材料的分量，用搅拌机将材料搅拌均匀；闹钟按时闹响，即使我是第一次做蛋糕，都不可能“执行不到位”。为什么？因为指令非常精准。

员工还是会为个人目的而来企业，这不是问题。但只要领导对结果鉴定有一点小小的含糊或谬误，就能放大成员工执行的不到位。这是管理者淤入其内而不自知的陷阱。

执行力在于员工，更在于管理者的管理逻辑和对人性的理解。管理者自己在逻辑上乏力，却从员工的执行力找原因，甚至将其拔高到使命的高度，本质上都只是把自己的无能推诿到员工身上。只要管理者能清晰界定所要结果，就像能拿得出一把尺子来衡量员工行动的有效性。员工在个人目的的驱动下，在不断的训练下，能够养成精准瞄准清晰标准的行为惯性。

因此，关于执行力提升，我认为的解决之道是：

1. 领导自己首先要确保目的和目标的逻辑关系，把员工的业绩考评与企业目标之间的关系相连接。
2. 认可员工为自己的目的而工作，决不企图将自己的愿望当作员工的愿望。

3 企业使命不等于员工动力

把“使命”这个高大上的词汇降为我们更容易理解的大白话，就是做一件事的价值所在。回答自己的初心：为什么做这件事？《孙子兵法》里管这叫“本谋”，就是一个人做事起始时原本的意图。

有多少人在一开始做企业时的初心和后来的想法一致，我没有做过调研。但据实说：“我自己做企业的初心，只是顺势而为罢了，并没有什么初心。”我进入培训行业时中国没有几家培训公司，我没有参考依据。第一个开始做事的人，我们把他称为企业家，企业家做事，有点像把自己推上擂台打拳，如果打输了，那就没有后续了，如果胡乱蒙赢了，发现自己拳脚居然比较厉害，就会产生出大一点的念想——我们可以把这类念想称为初心或使命。一开始做企业的想法和后来的志向发生了巨大变化的，大有人在。当然也有从小就立下鸿鹄之志的人。

但凡一个人做了企业，人一多，时间一长，使命这个问题就越发混乱了。

吉姆·柯林斯（Jim Collins）做了大量调研后定义，企业须基于使命回答三大问题并创建价值链才能使企业基业长青：①企业的业务是什么？②谁是客户？③企业对客户的价值是什么？但他的说法对于当今飞速变化的商业现实来说，已然不靠谱了。今天企业赖以做强做大的价值说不定转眼就会成为明日黄花。比如诺基亚的手机业务：其基于使命而产生的一系列从文化到技术到商业方式的优势就像企业无法改变的基因，眼睁睁地就变成其尾大不掉的劣势，就因为客户对手机的需求被苹果改变了——市场和人心就是这样能载舟也能覆舟。诺基亚的手机业务是一个发展到全球行业顶尖而顷刻走向颓势的例子。我的问题是：有多少企业能基于使命而做到基业长青的呢？尤其对创业型和创新型企业，只有变化才是常数。连领导自己都在边打仗、边变革、边建设，怎么让跟随者时刻保持清醒，精准无误地跟随领导变化的使命呢？

如此这般，已够麻烦，就更别说领导表述的语言、领导头脑里想的和骨子里的意思之间也是有很大差距的。这样就易造成从领导头脑、到领导语言、到群众理解、到群众情愿、到群众抓住重点产生价值的一条充满歧义的误解链的局面。

可作为领导，除了能使用语言来领导，也没有太多别的方式了。领导最基本的工作（就是领导们 98% 的时间在做的事情）就是沟通。而语言本来就是含糊不清的，人与人之间用语言沟通，是最词不达意、漏洞百出的。这不是领导们有问题，是人与人之间的最大障碍本来就是不被理解。据说所有非自然灾害造成的悲剧都可以归因为沟通误解，更何况企业领导的意愿和跟随者的意愿之间本来就天差地别。

这就顺着说到了领导们的跟随者的动力从来就不来自企业使命，而来自每个人自己的内心。企业的使命，只有领导运用语言艺术暗合了员工的个人需求，才能起到激励员工的作用。“人们来企业工作的激情来自自己的、个人的贡献和收获之间的平衡。”（Human passion comes from the balance between contributions and gains.）这可不是我说的，是我摘录自 *Leader to Leader* 的金句。也就是说，企业领导所认准的企业使命，十有八九和员工的动力八竿子打不着。

那么，领导对员工强调使命的真正意图是什么呢？那是领导者放不下的一种愿望：既然企业花费成本雇用员工，那么，用使命来凝聚人心，让员工把劲往一处使，必然是对的。我也认为这个想法合理，问题是效果不佳。

以我自己为例：我做公司基于我个人的创新愿望。不自恋地说，我的愿望可以和员工的愿望毫无关系！员工之所以多年没离开我的最大原因是：富有创新的产品可以让他们避开行业竞争的“红海”，这样就能让他们的日子比较好过；加上我懒得管理，我的这种做派使大家能够获得更多自由。就这样，领导者和跟随者玩一场各得其所的游戏，这有什么不好吗？企业只要能够让客户非常清晰地知道在什么需求下购买我们的服务就可以了，没有必要让员工的动力基于企业使命也就是领导者自己的心愿。因为这既不是他们能做到的，也不是他们真实的心愿。

企业和员工之间只是互相依附、互相借力的关系。对于这样的合作关系来说，用高效的工作系统来保障每个工作环节都环环相扣，每个人的贡献都能准确到位，比试图用领导自己的使命绑定员工更切合实际，也更能让不同的人各取所需。这似乎更贴近真实的商业合作的事实和人性规律。

我没有试图说服任何领导放弃对员工的使命宣贯。我只是试图让领导者看明白真相，只有基于真实的做法，才能使自己领导起来更明智和清醒，也更轻松和高效。

4 “上下同欲者胜”，怎么同欲，怎么胜

一说到“上下同欲”，当领导的最起劲：“对呀对呀，上下同欲，必须的呀。每个企业都希望员工在使命战略价值观方面和企业保持一致。”

“上下同欲者胜”，出自《孙子兵法》“知胜有五”之三。只是很长时间以来，上下同欲这事，在我看来并不十分靠谱。谁都知道“上下同欲者胜”，可事实是，即使最亲近的人也不一定能够“同欲”，凭什么那么多人一进企业就能够上下同欲？

所谓“上下同欲”，往往是处于强势地位的人要求处于弱势地位的合作者和自己同欲。比如家长强迫孩子和自己同欲，领导要求员工和自己同欲……

只是，但凡只要有人不顾他人欲求为何，就没人能和这个人同欲。当一个人看不到别人的欲求，别人也不会顾及他的欲求。你怎么待人，别人对你依样画葫芦——这是回力棒效应。

所以，让我怎么苟同上下同欲这事？

几年前各企业领导纷纷强调执行力，我在课上能硬生生从执行力开始到领导力落脚。因为领导强调执行力就是期望将“己所欲”强加于他人——领导无方却不愿意承担责任，往往会责备员工没有执行力。“Execution”这个词，可以翻译成“执行力”，也可以翻译成“依法处决”。有人上亚马逊网查询发现，把“Execution”所代表的这两种含义的书籍总量加一起，和领导力的书籍的总数量相比，领导力书籍占 97% 以上，“Execution”占不到 3%。什么意思？就是著书立说的人

普遍相信这个道理：没有领导力，哪来的执行力？

最近读《华杉讲透孙子兵法》，才明白孙子所谓上下同欲，说的并不是强势者强迫弱势合作者接受自己的欲，孙子是希望强势者要看到、理解和满足处于弱势地位的合作者的欲求并满足这种欲求，才能达到“上下同欲者胜”的境界。

这道理，说得就很有逻辑了。

华杉举例《左传》所说：“以欲从人则可，以人从欲鲜济。”意思就是作为领导者，让自己的心愿跟随大家的心愿，那样行事就可以成功。反过来，让大家的心愿跟着你个人的心愿，这是必败的结果。因为道理很简单，别人不为你活，只为自己活。就算惧怕你而不得不假装和你同欲，那目的也是为了他自己。所谓得道，这个道，和真理或许无关，但一定和当时的人心所向有关。

“很多大权在握的领导不是自恋到看不透这一点，就是看到这一点感到非常愤怒：员工不懂老板的目的，前景必然不妙。”这句话说得太对了！但那只是对员工而言的前景，不是对领导自己的目的达成而言的前景。领导可以不对员工的前景负责，但必须要对自己的目的达成负责。领导自己的账算不明白却去算员工的账，也算是一笔糊涂账。这类的糊涂账可谓多到不胜枚举，以至于谁要是能算清楚自己如何成功这笔账，就能胜出。只是胜出的真的是少数。

要我看，作为领导来理解“上下同欲者胜”这句话，首先要去除自恋和自我，学会客观地看待他人的欲求，就像看待自己的欲求一样看待他人的欲求，就像满足自己的欲求一样满足他人的欲求。怎么满足，是方法问题。有没有这颗心，是做人中正不中正的问题。

如何做到看到他人的欲求并满足他人的欲望，从而推进自己的事情，达成自己的欲求，实现“上下同欲者胜”呢？

领导先要承认上下不同欲，知道不同，才能想办法求同。如果领导想象别人都该和你同，别人和你不同就不对，那才真是“输在了起跑线上”。

韩非子说“君臣异利”，意思是说，君和臣利益所在不一样。所谓“来自五湖四海的人为了一个共同的目标走到一起来了”只是在需要大家求同存异的时候说给人听的。人和人同欲，说的是人性大致趋同。但每个人的个人欲求，在每个“此情此景此地”，可以大相径庭。但即使欲求不同，也能很好地合作，用共同认可的方式，各自达成各自的欲求。就像讲课这件事，购买课程的人、讲课的人、听课的人并不同欲，却仍然可以通过设计好的内容和授课方式，让听课的、讲课的和购买课程的人都达成自己的不同欲求。

这就涉及一个上下同欲的最关键的操作：设计一种机制，或找到一个结合方法，来确保各方欲求的满足。这种机制或结合方法的设计，须针对人性中的进取欲、被认可欲、金钱欲、被关注欲等，凡在你希望上下同欲的那个情景中涌现出来的各种欲求都需要得到满足。

当然，最高明的领导者，总是能够在自己站在强势立场上希望达成自己目的的同时，也能考虑到弱势合作者的立场，从对对方有利的视角来达到对自己也有利的目的。在这点上，我既不同意一味迎合对方欲求的做法，也不同意一味强加于人的做法。因为牺牲任何一方的欲求，都做不到“上下同欲者胜”。韩非子的逻辑是“君臣互市”，平等做交易。我继续就这个方法建议一下：你可以告诉对方自己的欲求，同时确保自己了解对方的欲求，并找到一个双方能达到“上下同欲者胜”的方法。在这种情况下，就真的能做到“君不必仁，臣不必忠”，各方只需忠于自己的角色和欲求，就自然达到“上下同欲者胜”了，我认为这是天理。

至于有领导说，找不到员工可以和我同欲的诉求怎么办？可以有两个选择：要么放弃和这类无法同欲的员工合作；要么自己好好练习用人之道。

5 载舟覆舟的民意

群体的动力，也就是民意，是领导者特别想弄清楚而后自如驾驭，又非常容易按照自我意图进入误区的领域。

美国沃顿商学院对 Facebook 员工进行民意调查发现：激励人们工作的三大动力分别是：职业生涯、团队和追求。这个调研报告说：大家的工作动机大同小异：都希望弄清楚“我是谁”“我在做什么”和“我为什么做”。

我是不买这个账的。

且不说人们面对这类调研会倾向于按照别人对自己的看法来装饰自己的回答（语言不一定代表真相），就说睁眼就能看到的事实：其一，大多数人更关心的是别人眼中的自己；其二，太多人终其一生也不会问自己是谁；其三，大多数人做事只是惯性使然，并不一定审视自己在做什么；其四，说到大多数人思考的“我为什么做”，美国沃顿商学院还用调研吗？明摆着的事实：绝大多数人的行为都会自动地趋利避害，没有太多探索其他“为什么”的余地。领导者若试图基于沃顿商学院的调研结果来为员工量身定制这三类激励，那就真被坑到家了。

我倒觉得法国社会心理学家、群体心理学的创始人古斯塔夫·勒庞的说法更接近真相。勒庞试图说明：当一群人在某个阶段汇集在了一个有组织的广场（无论汇集在企业的“广场”还是汇集在总统选举的广场），就倾向于具备同一种心理诉求，有相同的行动目标，这就构成了一个群

注：古斯塔夫·勒庞在代表作《乌合之众：大众心理研究》中对群体的心理特征、情感和道德观念的分析。

体。这种群体会表现出三个特征。

一是低智力化——当很多人一旦聚集起来，思维就会出现非理性、简单化、缺乏常识和逻辑等一系列变化，呈现出“低智力”特征。群体的智力水平，往往低于群体中个人智力的平均值。群体只乐于接受简单明了的号召和主张，不会去关心证据和论述，更不会进行理性的分析判断。越是迎合人群基本需求的简单主张越容易得到群体的支持。

二是自信心爆棚。作为个体的人在面对“胆大妄为”的事情时往往是既不敢想也不敢干的。一旦汇集成群体后，不但啥都敢想，而且啥都敢干。这样的群体心理基于两个原因：众多个体被集中起来之后，大家倾向于相信什么都可以轻易实现；还有就是，个体汇入群体后，减弱或消除了对惩罚的恐惧，不用担心被惩罚或报复。

三是情绪化、敏感化，急于行动。群体往往更关注情绪和情绪表达方式本身，而不在乎背后的证据、事实或逻辑。在激烈情绪的推动和传染下，群体非常敏感，并倾向于尽快采取实际行动。勒庞举例法国大革命中的群众推翻了路易王朝，要求民主自由，可是没过多久，还是这些群众，又兴高采烈拥护拿破仑当皇帝进行独裁。那么大区别的两种事，从民众的反应上看，都是同样的热血沸腾。

从勒庞的研究推论：其一，能够激励群体采取行动的是领导者的表达方式对群体当下的诉求产生的激发作用。其二，人汇聚成群后的最大心理诉求，一定和获取或保有自身利益，迎合自身安全，以及聚众取暖壮胆的倾向相关，一定和趋于群体的、情绪化的行动相关。

对领导者来说，驾驭民意，最要紧的是看清群体动力真相，站到群体视角下因势利导而后达成领导的目的，而不是从自己的理念出发来教育群众应该怎么行动。

对各路英雄而言，民意如水，应中国那句老话：水能载舟亦能覆舟。载舟还是覆舟，既无定势，亦无常态，全凭行市。

总之，民意总是为趋利避害的目的趁势而涌、借力而为。总是对欲驾驭民意者有大用，也有大不利。对不想卷入民意的人来说，那就当个观望潮起潮落的看客。

6 树立领导权威是个伪命题

如何树立领导的权威，如何凝聚人心？无论是新上任的领导者，还是已经从事管理多年的领导者，在管理生涯的开始或某个阶段，也许都会直面这个问题，尤其是当自己的威信受到下属的挑战的时候，或者在面临团队人心涣散的时刻。

如何树立领导权威、如何凝聚人心，这是两个不同但又相连的问题。我把它们合并在一起，不是因为这两个问题同样重要，或者它们属于同一个范畴，而是因为前一个问题不能称其为问题，后一个问题才是真正的问题。管理者应该考虑的不是如何树立自己的权威，而是如何凝聚人心。

追求领导的权威，就是追求让员工能充分意识到领导的意志所在。当一个领导者开始关注如何树立自己的权威的时候，通常是在有什么搞不定的事情的时候。领导者认为迫切需要通过树立自己的领导权威来震慑众人，以为这样就能搞定搞不定的事情。

这好像是个悖论。作为一个企业的领导者，如果连权威都没有树立，怎么能领导企业呢？但如果一个领导者把关注点放在如何树立自己的权威上，而不是放在如何将人心凝聚在实现自己所期望的结果的方向上，是从根本上扭曲了领导者存在的价值，朝无解的方向寻求答案。因为所谓领导的权威，既不是领导的目的，也不是领导者的价值，甚至不是领导者为达到目的而采取的手段，只不过是领导过程中的“副产品”。

领导者存在的真正价值，一是让所要做的事情圆满地完成，二是让跟随者从中获得成功和对其自身的价值。

我这么说，会有不少管理者追问或提出异议：那是不是说，领导者放弃树立自己的权威才是领导之道呢？没有权威的领导是一个好领导吗？而我的回答是一个反过来问的问题：一个领导者为什么会失去群众的跟随？这才是一个领导者应该问自己的问题。

记得有一位管理大师说，领导的力量不来自其职位，而来自其思想。对这句话我既同意又不同意。我刚回国时结识过一位锐意激进的民间环保组织的领导。起初，我深为他的精神所感动。但有一次，我和他一起去参加一个环保活动，停车的时候，他顺手把一个软饮料盒扔出了车外。我诧异地看着他："不会吧？你还是环保主义者呢！"他不以为意地打哈哈："嘿嘿，搞忘了。"居然没去把饮料盒捡起来，而且脸都没有红。我在替他把那个软饮料盒扔进垃圾箱的那一瞬间，不仅鄙视他，而且严重质疑他倡导环保是另有所图，从此再没参加他组织的环保活动。思想不如行动对我有感召力。

我多次在管理课上做这样一个测试：让学员用几组词汇来描述自己愿意跟随的领导，再用几组词汇来描述自己厌恶的领导。得出来的结论几乎相同：言行一致的领导是群众最信服和愿意跟随的。说一套做一套的领导，是群众最不愿意跟随的。这让我想到甘地，为什么这个没有过领导职务的弱小的老人却如此深刻影响了千千万万的印度人？因为甘地说出来的思想能够震撼人心；因为甘地的行为和他说出来的思想高度一致。甘地所号召的无暴力抵抗，感召印度人民的心；并且他也在身体力行地抵抗——自己纺织布匹、自己晒盐。甘地让印度人民深信不疑：他所提倡的，正是大家所愿望的，而他做的，正是他所说的。凝聚人心的力量，来自群众对倡导者所倡导的事情的深信不疑和愿意跟随。

企业管理者的责任不仅仅是要凝聚人心，还要提升人们行动的有效性。人的行为不会仅仅因为领导者的榜样就变得高度一致而有效。因此，领导者不能仅仅将领导的行为只停留于自己提倡的口号，或止于以身作则，还要用敢爱敢恨的领导行为明示众人自己想要的结果。

我遇到过一位企业老总期望快速扩大规模，最好能在三年之内让公司登陆资本市场。他手下的一个区域的销售经理，虽然业绩做得不错，却在经销企业产品的同时，自己开分店，将企业的客户拉入自己的分店销售。这位老总因为其业绩不错而迟迟不对他做出制裁。老总问我，如果拿下这位销售经理或对其进行制约，影响了销售业绩怎么办？我问老总，如果这位销售经理可以这样做，别人也可以这样做，你要的企业规模和企业的人心凝聚，就会被你的这种默许毁灭，这你想过吗？短期业绩固然要有，但可以通过建立客户管理系统将客户资源拉入公司的体系。我建议老总在完成“铁打的营盘”后立刻处置这个违反职业道德的销售经理。企业领导只有通过让全体知道自己爱憎分明的做事风格，才能引导企业走向自己所设计的方向，得到自己所想得到的结果。这样做，短期和长期的业绩都可以得到均衡的发展。

如果用一句话来概括领导的诀窍，那就是：把自己的目的变成群众的行动。领导威信的建立，是在这个过程中出现的自然而然的“副产品”。

我这样表述，是不是在避免误入“如何树立领导的权威”这个歧途的同时，既回答了这个问题，又回答了“如何凝聚人心”这个问题呢？

领导凝聚人心的权威来自三个方面；

1. 思想的力量；
2. 以身作则；
3. 爱憎分明的明确示意。

7/ 领导者行为等于企业价值观

说到如何建立企业价值观，管理者们的惯用办法无非以下几种：贴在墙上、印在手册上、挂在嘴上……但搞来搞去，这事似乎总是有点像父母管教孩子。企业价值观在有的企业变成了规条，在有的企业成为表面功夫，在有的企业也就是领导批评员工时的说辞……

企业价值观，听上去很像概念性的口号，远不如 KPI 指标对员工更有威慑力。怎么衡量员工思想行为是否符合企业价值观？有多少员工因为思想和行为符合或不符合企业价值观而被奖励或惩罚？企业价值观，也不如领导的直接指示更能督促行动。价值观这种虚无缥缈的东西，到底有多大的用处？如果有用，怎样才能真正变成员工骨子里的意思和行为上的惯性呢？

那我们就得先说说究竟什么是价值观。按照百度搜出来的说法，价值观就是“基于人的一定的思维感官而做出的认知、理解、判断或抉择，也就是人认定事物、明辨是非的一种思维或取向，从而体现出人、事、物一定的价值或作用”。

读明白了吗？要是没读明白的话，就听一下我解读企业、学校、国家为什么都在强调价值观教育，为什么就连谈恋爱的年轻人一言不合也会说“我们三观不合”（世界观、人生观、价值观），看出门道来了吗？统一价值观，就相当于统一人们对事情的认知、理解、判断和抉择的标准。这能带来怎样的好处就显而易见了。如果人们对事情判断、认知和抉择一致，小到有利于小两口相处的和谐度和幸福感，大到有利于大大降低企业的人际冲突，提升工作效率与和谐度。在更大的局面上，会提升一个民族的人之间的认同感和合作舒适度。

价值观这种东西，在开始的时候一定是自然而然形成的。我没有研究过价值观自下而上的自然形成与自上而下用教育来统一，这两种方式哪个占比重更大。只是有一个现象一定是存在的：但凡有人群的地方，必然会有因为这群人的特质而形成一种精神状态，也就是所谓的价值观。比如农民群体勤劳但不一定守时，工人群体豪放但不一定知性，知识群体博学但不一定有行动力。所谓价值观，就是某个群体的人都具有的某种无意识的集体行为特征的称谓。或者我们也可以把这种现象称为：在不知不觉中被环境所影响而形成的意识和行为。

只是，到了某种价值观被刻意提倡的阶段，那么，这种价值观有多大的概率会变成加入这个群体的人的无意识的集体行为？有多大概率只会变成这个群体的表面文章呢？在此研究这个或许意义不大。我们不如把价值观这个话题落实到企业的层面来认知。

为提升工作效率，企业肯定是需要价值观建设的。那么，什么样的价值观对自己这个特定企业而言是有效的呢？我们可以从两个维度来看：第一个维度就是对企业自身创造效益而言有利的认知和行为。比如说：必须通过创新产生效益的企业会提倡创新精神；必须通过精益生产产生效益的企业提倡严谨和纪律……因为把员工统一到某种认知和行为就能够促进产量和保障质量，这很容易理解吧？第二个维度就是同时这个价值观也得符合这个群体的人性特殊点。提倡创新也好，提倡严谨和纪律也好，如果正好是符合加入这个企业的这群人的特点，就比较容易被这群人接受。企业如果提倡的内容只有利于产生效益，不符合这群人的特点，就会很难让员工接受。

这就要说到企业自上而下灌输价值观这个问题了。这不是一个容易的工作。因为人喜欢自主，没有人会喜欢强迫自己来接受企业的价值观。比如企业招聘具有吃苦耐劳精神、风险意识较高的员工，还要生生把创新精神强加到他们身上，就不如招聘具有冒险精神却并不一定安分守己的员工，更容易向他们灌输创新精神。所谓不是一家人，不进一家门，就是这个道理。所以我认为，自上而下的价值观教育，先要从选择思想意识和行为惯性符合企业价值观走向的员工开始。这就为日后做好对他们的价值观教育减少了不少阻力。

即使如此，企业领导用价值观教育员工，仍然是一件很不容易的事情。我先罗列一下企业价值观教育中遇到的障碍。

其一，企业的精神特质不是因领导要求而形成的，而是领导的特质决定的。所谓有其父，必有其子，在形容企业上也同样适用。企业有什么样的领导，一定有什么样的员工行为特质。领导好大喜功，就一定有一群拍马屁的下属；领导多疑，就一定有一群喜欢打小报告的下属；领导乾纲独断，下属就一定不敢承担责任。有一家企业开会讨论培训方案是否通过，开了 9 次会都没人敢拍板。这个企业的价值观上有“勇于担当责任”这条，但现实为什么是大相径庭呢？因为管理者太喜欢批评人，批评得让员工不敢拿主意。后来这家企业的一位员工到我公司工作，却因为做事不敢决策被“嫌弃”。他已经形成了和我的企业敢作敢当的文化相违背的行为惯性。

其二，企业在价值观教育中不考虑员工的人性规律，单方面宣传企业价值观对企业的好处。在一个人群中形成无意识的集体行为，最低效的做法就是宣传。管理者就算把企业价值观糊满墙，人的惰性、意识、惯性也非常难改变，利益驱动远远大于价值观驱动，都是不容忽略的事实。

那么，企业怎么实施价值观教育才能更有效呢？我认为，价值观教育流于书面语言和口号，是最不管用的。我建议如下的有效办法可以作为参考：

1）首先要把语言描述转变成行为标准。比如，一个企业把责任感当作价值观，那么就需要界定清楚，什么样的行为叫作责任感强？我在此举例说明。责任感包括：兑现承诺的行为，对结果负责，而不是强调做了什么来确保正确结果的行为能力……不能落实为行为的价值观，都只能沦落为喊口号、放空炮。

2）有了系统和制度的支持，效果会大大加强。还是以责任感为价值观来举例：如果考评制度不是考评是否完成了任务，而是考评完成任务的效果。那么，负责任这句话，就会落实成发球的人必须对对方接到球负责。因为考评的不是你是否把球发过去这个行为，而是考评是否让对方接到球这个结果。启动系统或制度的要求，会让人的行为规范对结果负责。

3）利用事件来做价值观教育。比如，辞退能力强但行为不符合企业所提倡的价值观的员工，就是很明确地告诉全体员工，无论任何人，只要不符合企业价值观，企业就不认可。

4）简单重复。在一段时间内，只强调一种行为的改变。将行为磨炼成惯性动作。

5）最重要的是，管理者强调什么价值观，就要以身作则实践这样的价值观。价值观教育的最大忌讳就是领导者说一套做一套，与其说一套做一套，还不如放弃价值观教育。

结论：在企业建立价值观，是企业为矫正集体无意识行为，让其变得更有利于企业高效运作所需要做的努力。人的行为改变，必须是诉诸行为惯性的形成，而不能仅仅停留在语言和认识上的认可。人的行为改变，须要有可衡量的标准，要有制度保障，要简单可行，同时要奖罚分明。最重要的是，提倡者一定要以身作则。

8 不完美的企业正千疮百孔地等你陷进来

管理者应该具备哪些能力？当管理者带着这个问题到管理书籍和培训课程中去寻求答案时，会发现道理上很容易讲通的事，到了现实中，置身于错综复杂的事务和纠结缠绕的人际关系中，道理就使不上劲了，行动也会变得很不得要领。我就常常听到管理者抱怨：

“这不是我能解决的，这是公司政策问题！”

“这不是我力所能及的，领导下的命令本身就不可执行！”

“这不是我能克服的，遇到这么难缠的下属，我还能怎么样！”

总之就是：任务太艰巨、时间太紧迫、队友不靠谱……

当一个管理者被卡在了各种意想不到的状况里——管理出问题、企业出状况、制度行不通、团队不给力、竞争落下风……难道这些能算是管理者自身的问题吗，还是理论本来就解决不了实际问题？

确实，企业的很多问题不是靠管理和领导的能力就能解决的；确实，所有企业的管理者都会面对自己主观无法逾越的障碍。不过，如果我反过来问，对同样的问题，是不是有些人能解决，有些人无法解决？是不是可以断定，无论你去哪儿做管理，难题永远会存在，只能是不断提高解决难题的能力，而且除此之外也别无其他选择？

这就又把球抛给了自己：现实就是如此，你是想做管理呢，还是想做管理呢？

但凡你不想自己当老板，但凡你选择在一个企业成为管理者，你就有很大的概率会陷入缺这少那的情景。就像是两个人在条件并不十分完备的情况下选择结合，这与你和企业的关系很相似，你会在一个不甚完美的状况下和企业（伴侣）同舟共济。

那么，首要的问题就不是这个企业是否完美，是否正好一切条件都符合你加入进来做管理的预期。大概率的情况是，不完美的企业，千疮百孔地等你陷入进来。所以首要的问题是你的选择：你愿意以管理者的角色加入吗？然后才是面对一个个具体问题如何去解决。

假如你的回答是你选择加入一个企业成为管理者，就产生了一对互为相关关系的角色：你作为职业经理人和你加入的企业。

首先看看你进入职业经理人的角色定位：所谓职业经理人，之所以成为你的职业，就是你从做管理那一刻开始，就选择了以管理作为在职场上谋生的手段，而不是以资本（老板的能力）或业务（员工的能力），作为在职场谋生的手段。那么，企业选择谁承担管理，如何评价和提拔一个管理者，就变成了职业经理人必须面对的、基本的生计问题。

其次还得取决于你作为管理者的工作位置：下有下属、上有领导、左有与强关联部门的合作、右可能还需要与外部资源合作，你领导的部门被赋予了某种工作任务。你需要做的就是围绕任务的完成来构架方法、组织和调动人员、争取资源……你会发现你需要做的事情层出不穷，你遇到的障碍接踵而至，你需要解决的问题会排队等着你。

你需要怎么样才能完成企业的任务？说起来很散乱的东西，用对结果的衡量标准来兜底，就比较容易看明白：企业对管理者的诉求，先是拿出业绩、带好队伍。但你以为仅仅止步于此，你就只能停留在管理这个团队的短期业绩上。企业还需要你带领你的团队不断突破——以不断打造更好的工作方法、不断提升员工能力来创造未来的业绩。

企业需要管理者从 4 个维度交付结果，我把这几个关键要素表达如下就是：

- 工作结果（result）：在给定的时间内实现数量和质量都达标的结果；
- 工作士气（morale）：确保团队成员具有完成业绩所需的热情和责任感；
- 工作能力（competence）：确保团队成员具有完成相应任务的能力，并能够随着工作不断提升；
- 工作系统（system）：不断改进方法、流程……以达成更有效的结果。

企业当然希望一个职业经理在完成任何任务、达成任何工作结果时，都能在上述四个方向上推进。也就是说，企业对职业经理人完成业绩的标准，不仅用业绩来考量，同时也会用员工士气、能力和工作系统是否高效来考量。也许有的企业并没有向管理者提出这样的考量标准，但我可以负责任地说，这几乎是每个企业的“潜规则”，即在各个企业里，上司一定会下意识地用这四个维度来看待和衡量管理者的管理能力。或者说，靠自己的管理能力吃饭的职业经理人，只要经得起这四个维度的考量，就不是你需要企业，而是企业需要你了。

确定好职业经理人的位置，把握住所有企业都会对职业经理人考量的这四个维度的衡量标准，剩下来需要讨论的是管理能力和管理环境这两个方面的问题了。关于管理能力，我会在培训课上和今后出版的书中用大篇幅展开探讨，在此就先谈论如何面对管理环境中可能遇到的客观障碍：

1）企业管理环境混乱：所谓的管理混乱，通常会包含两个层面的问题，一是组织结构不合理而导致部门之间任务的无效叠加或疏漏；二是系统或流程互相矛盾而导致任务完成中的互相推诿和制度掣肘。我们必须面对一个事实，即几乎没有一个企业的管理系统是完美无瑕的，而一个局部的管理者无法大面积地改变这个情况。越是新兴产业的企业，管理无序的可能性越大；越是行业形势低迷的企业，管理越烦琐低效。我的建议是：职业经理人要看的是自己的经验和能力是否可以支撑自己在这个企业的生存和发展，以及自己未来的发展方向是否和这个企业的发展趋势相同。因为你面对客观情况只能做出自己的选择，并在你的选择和可控范围内，不断为业绩的达成做出调整。

2）企业资源支撑不足：资源是所有机构，甚至所有国家都不充足的。职业经理不是企业家，不需要为资源是否充足而过分烦恼。职业经理人的职责就是对有限资源做出性价比最高的利用方案并执行。如果企业资源对你自己希望达成的理想不能提供支持，你可以衡量和评估一下自己的能力，并根据自己能力够得着的可能性，把自己“运送”到更大的资源平台。

3）上司带来的困惑：事实是，你无法选择谁是你的上司，也不会有一个上司让你完全满意。只有在两种情况下，你可以选择离开这个上司：一是得不到可供你产生价值的任务平台，二是得不到上司的能力和人品支持。排除以上两种情况，其他的就需要你去提升和上司合作的能力。

管理的环境问题丛生，一旦做出选择，管理者从嵌入职业经理的定位，接纳企业对职业经理这个职业的衡量标准开始做起。面对问题，管理者要么提升能力，要么做出选择。除此之外别无他路。

9 关于领导力的散记与心得

多年前读《从优秀到卓越》(*Good To Great*)、*Leader to Leader*、*Credibility* 这些西方领导力著作，当时一边读一边记录或写下我自己的观点。现在翻出来看，记不清哪些是书上的观点，哪些是我的观点，但一定是我认同并实践的，所以拿出来分享。

- 企业的表现无非是领导者行为的放大和延展。而领导者的行为无非其生命本质的外在体现——他的思想、他的性格，以及他的价值观……
- 领导花时间和精力来“激励”员工是巨大的浪费。领导的真正问题不是激励员工，而是找到合适的人，让他们做合适的工作——所谓合适，就是人的天赋、喜好和工作内容合拍，人就会自然而然地自我激励。最佳领导力，就是把正确的人放在正确的位置上，并让他感觉到自己存在的重要性，感觉是在为自己的使命而战。剩下的事，就是在他需要的时候帮助他。
- 领导者不是始于远见卓识，而是始于让人面对真实，并采取积极的行动。真正的卓越就是不把获取金钱或名声作为目标，而把做好事情作为生命的原始激励。金钱也好名声也罢，都是把事情做好的某种结果或证明。
- 领导者不刻意创造变化，而是预见改变的到来，等待适当的条件来到后顺理成章地去解决团队的责任感、一致性、动机、变革等问题。转变不是突然降临的，人的生命里没有太多决定性的行为，没有太多宏伟的规划，没有一劳永逸的创新，也没有太多幸运的突变和奇迹的瞬间。坚持到底的转变总是从量的积累到质的突破。总是回头看才知道已经走出了多远，在这之中，不灭的好奇心、方向感和专注是让人不患得患失、永远快乐地进取的最宝贵的品性。

- 个人能力和魅力十足的领导者是团队的财富，也是团队能力的天花板。领导者必须能够在他人比自己做得更好的地方让开空间，才能成就领导之所以为领导。如果自己在很多方面总是做得比他人好，那就一定要有十足的承受不完美的耐心才能成气候。
- 先人后事的方法不现实。有了合适的人便选择最佳途径的单向做法在现实中并不真正存在。任何事情的成功都是人、事、机会互动的结果，单个因素的出现无助于事情的成功。运气和悟性是成功的两个重要原因。单方面夸大单个因素不是事实真相。对于事实真相的认知而言，无论谦虚还是骄傲都是没有意义的自我感觉，只有事实真相才有价值。
- 如果领导者要做的不仅是研发出什么产品或完成什么业绩，而且也在充满好奇地追随变化，让自己的生命充满活力和快乐，那这个领导者就变得很有趣很出色了。
- 成为领导者的最好收获就是能够渐渐培养出能够拥抱各种相悖事物的能力，那领导这件事就可以让领导者自己的生命大放光彩了。

10 领导，你的思维模式在哪个版本

曾去莫干山听美国麻省 U 型理论大牛奥托·夏莫（Otto Scharmer）的讲座，把我眼里有价值的部分和我的理解记录在此分享：

奥托·夏莫认为，人的思维模式的不同，会导致人在面对自己、他人、所处的组织和外部世界这四个不同层面时的观念和行为不同，导致结果的不同。他把思维模式界定为从 1.0 版本到 4.0 版本。思维版本越高，获得的结果就越好。因此，要推动事情向更好的结果发展，首先要解决人思维版本的升级换代。

我用我的理解总结出表 6-1，来表达不同版本的思维模式：

表　6-1

层面	自我层面	人际层面	组织层面	外部世界
1.0 版本	惯性思维导致行为与结果脱节	限于表面言辞，形成不了有利的联盟	集权，即使嘴上说民主，骨子里也是集权	试图用控制的方式来证明自己赢
2.0 版本	基于事实的思维导向	容易陷入争论和对峙	分权	竞争
3.0 版本	跟随心走	对话	网络互连	连接
4.0 版本	同在和生成的存在感	真实而自然的流动	系统共创	生态环境意识

思维模式处于 1.0 版本：心理上围着自己的内心戏在打转，行为上受制于自己的惯性。思维和行为与要解决的问题无关，和真实世界、他人脱节。

思维模式处于 2.0 版本：心理和行为容易快速进入对峙和竞争模式。

基于的事实分析基本上就是基于竞争的分析。他们的内心世界是二元对立的，非输即赢，非此即彼。看不到这个世界还有其他更好的出路。

思维模式处于 3.0 版本：达到这个版本的人，脑子的思维跟随心走，脑子是为内心的美好感觉服务的。他们相信这个世界是你中有我的，他们总是可以走出竞争的制约，走向更广阔的互动互连。

思维模式达到 4.0 版本：达到这个版本的人能够从容地活在“随波逐流”的运势里。他们将自我的意愿和自我的努力融入“势”与“时”之中，相信“势”的走向远远大于人为努力，相信时势的作用远远大于人为的意愿。达到这样思维版本就是达到了不费力地工作和生活的境界。

而制约自己思维版本升级的心理因素是：恐惧、自我、习惯。受制于这些心理因素的人容易有的行为是：评判、嘲讽、否定。只有爱、信任和聆听，能让自己能量提升，从而带来思维版本的升级换代。

11 管理靠“算计”，不靠生搬硬套理论

我从事企业管理培训二十多年，眼见管理理论时兴了一波又一波；管理书籍后浪拍着前浪走；管理名言竖立成一条又一条，讲课时学员们仍在热情地追问还有哪些管理理论可供指导方向……可我总是支支吾吾地说不出个子丑寅卯来。

知道得多了也未必是件好事，竟不知把手指向何方才不会误人子弟。在这里我得说句“解套”的话：即使是课上说的那些铿锵有力的管理信条，也要先弄明白时间、地点、人物、场合等，才派上用场。

记得我和一位著名科学家聊天。我很有感慨地说我对某件事的看法。可我说一句，他怼我一句，还振振有词：只要有一条事实可以推翻你的结论，你的结论就不能成立。我被他怼得直蹿火，激发出了我后发制人的“绝技”，连珠炮似的回怼他：我谈直觉顿悟可以吧？我谈易经八卦可以吧？我谈艺术审美可以吧？我就是不谈科学可以吧？这个世界不是必须、只能、完全得用科学思维去看的吧？要是只能用科学这一种思维方式霸场，艺术就寸草不生了。卫星上天需要科学，和人相处需要懂人性。你懂你说来我听听？他被我怼愣了，道：也许你是对的。

其实，怎么说都会有一定的道理，就看站在什么角度上说了。

看任何问题，只有当时造成这个问题的事实是相对“老老实实”地存在，而人们对这个问题的各种看法，只不过看法而已。

在这点上，我是对的。

他也是对的。

按照他的科学思维推理，只要敢把某种理论上纲上线到科学真理的高度，能被证明有反例的，就不能被证明是科学真理，至少不是颠扑不破的科学真理。

这就说回到了管理，据说是门科学，至少被人们包装成一门科学，被人们振振有词地说得像是门科学。那我就用那位科学家的方式来辨析一下这门科学的几个主要的、众所周知的理论。

关于目标管理（management by objectives），多么经典的管理理论，由美国管理学之父彼得·德鲁克在1954年出版的《管理的实践》中首先提出。这是一种以目标为导向，以成果为标准，使组织取得最佳业绩的管理方法。目标一旦确定，就是方向，就是准绳，就是终极追求。

这使得急欲达到目标的企业把制定战略目标和KPI考核指标变成不可或缺的工作责任。但是不是制定了战略目标和考核指标就一定能让企业达成目标呢？据我所知，那还真是个大大的问号。不过，在制造人的焦虑感和倦怠感上，目标管理起到的作用，功不可没。

然后就有了PDCA过程管理理论。先是由美国质量管理专家休哈特博士提出的，然后由戴明采纳、宣传、普及。这个将管理分为四个阶段——PDCA，即计划（plan）、执行（do）、检查（check）、处理（act）的“戴明环”，演变成了企业共识的管理方法。企业是否真的能够按照PDCA过程操作管理尚不可知，但实际操作很可能是大打折扣的。不该坚持的过程管理被有理有据地坚持下来了。比如，流程妨碍了目标的达成，规定影响了客户感受，制度卡死了互相的配合……人类本来就很容易忘记“初心”，忘记自己做事情的初始目的，有了过程管理的支持，忘记初心这事，就变得更加有理有据了。

要是说管理学是门科学，目标管理和过程管理在企业管理实践中怎么才能协调统一起来？在经营情况的不断变化中，管理简直就是个众说纷纭的事。对于“只要有一条事实可以推翻，结论就不能成立”的科学来说，管理学还是门科学吗？

关于打造百年不倒老店的核心竞争力的管理科学，就更经不起推敲了。自美国学者 C.K. 普拉哈拉德（C.K.Prahalad）和英国学者加里·哈默尔（Gary·Hamel）于 1990 年在《哈佛商业评论》上发表《公司核心竞争力》一文后，核心竞争力的研究和讨论在西方达到了高潮。核心竞争力是构筑企业竞争力的中流砥柱，变成了共识——提高核心竞争力成为当前赢得市场竞争的重要途径；企业核心竞争力理论和实践也成了分析企业有效竞争和成长的重要工具。

正当人们正在对核心竞争力深信不疑的时候，柯达却不争气地死在了自己的感光技术这个核心竞争力上；诺基亚也是一个因核心竞争力而衰败的惹眼案例。这些事实让我更趋向于相信，在这个快速迭代的时代，所谓核心竞争力，其实就是“成也萧何，败也萧何”这回事。

我再说一个曾经被大家热捧的管理理论：自《史密斯成功密码：A. O. 史密斯公司的价值观管理》一书从价值观管理视角分析了 A. O. 史密斯公司 140 年的价值观坚持的成功典范后，以价值观管理体系为中心的“史密斯密码”模式就被捧到了能够让企业基业长青的高度。在这之前，许多人认为一家公司的持续成长依赖于几位优秀的 CEO 的持续运作，但《基业长青》的作者告诉人们：拥有一个核心的理念并为之奋斗是企业成功的关键所在。该书作者吉姆·柯林斯选取了几十家公司，采取对照组比较的方法，寻找到了伟大公司长盛不衰的秘密，为那些有志于建立起“基业长青”的伟大公司的人提供现实指导。

很快问题就又来了：我们瞪眼看着那几个在《基业长青》一书中榜

上有名的，也是赫赫有名的基业长青的公司，比如 GE、波音，正在走向业绩下滑，基业泛黄。

先不说世界上有没有长盛不衰、基业长青这回事，在我看来这不符合宇宙盛衰循环往复的规律，就拿吉姆·柯林斯书中所说的 GE 公司为例，他认为 GE 是因为价值观而基业长青，在我看来这个基业长青的理由过于牵强。美国巨头企业中有一半是借世界大战的机会发家的吧。所谓形势逼人，用现在的话说，就是当初企业发展正好赶上了风口，猪就能飞起来。但没有这头猪一旦飞起来，就再不掉下来的道理。要我说，衰亡不代表企业的失败，这只是自然现象。

晕了吧？究竟什么才是让企业一直发展和盈利的管理科学？

世界上就没有一种能“一招鲜吃遍天”的管理理论，凡事都是此一时彼一时罢了。企业发展如此，就如人的生命也如此——此一时彼一时，应景而生，顺势而长，势颓而灭。这听着让人丧气的话就是事实。

那我们还有把手可扶吗？

当然有啊，我们唯一可以扶的就是“当下”这个把手。什么是“当下”？“当下”由两大要素组成：一个是你自己的初心，即你置身于“当下”的初始目的；另一个要素就是你怀着这个初始目的所面对的情势。也就是你作为一个管理者的目的和影响你目的达成或达不成的事实情况。

那让那些管理的理论、经验、见识、观点置身何处？我认为，在那个当下能够帮助管理者在目的和事实之间架起桥梁，帮助管理者穿越事实、达成目的的理论和方法，都可以借鉴。但只是借鉴，不能照搬。因为，谁知道管理者所处的那个当下的情况如何。

最近在读《华杉讲透孙子兵法》，很以为然。比如孙子说的“五事七计”计算法，意思是：你要做的事是否可行，可以按照穷尽重要因素的计算公式去衡量、去计算、去得出结论。我就不在此展开详谈孙子说的五事了，我们可以粗略地理解为做事要看是否天时地利人和。但那还远不够，他说接下来还要做七类计算题，比如，上下是否同心、人才是否到位、员工是否训练有素、规则是否清晰严明、赏罚是否分明……孙子强调的是："多算者胜，少算者不胜，而况于无算乎？"和任何管理理论相比，虽然我没有仔细研究过孙子的计算方法是否周全，但我更趋向于的是孙子观点的本质：我们不但要避免自以为是，也要避免按图索骥地生搬硬套。

我的解读是：没有任何一套管理理论可以一成不变地通吃。管理者的初始目的是什么，是否能实现，是可以靠一套计算方式来得出结论的。每次的结论不一样，是因为代入公式的要素不一样。在这里，有三个要素一定是存在的：一是自己的目的，二是面对的事实，三是基于前两个要素的计算和分析方法。

后记：成为领导者，不是“论”成为领导者

一位已故的美国领导力专家在2009年出版过一本名为*On Becoming a Leader*的书。差不多在同时期，我研发推出了“BAL创建领导力©”模拟训练课程。这让一家国内的培训公司试图混淆BAL版权课创意的出处，以便用美国专家的名字来提升中国人研发的BAL训练课的含金量。

这件事本身已经因为不了了之而变得无关紧要了，我想说的是，不仅美国人的书和中国人的版权课不是一码事，“论”成为领导者（on becoming a leader）和真正成为领导者（becoming a leader）也不是一码事。

英文中但凡“on”点什么事，就有理论、说道的意思。既然是坐而论道，怎么论也都只是论，论得再自圆其说，都有可能正确而无用，反正只是说说而已。除非你能依论而行，怎么论，就怎么实践。

事实也确实如此，无论领导力专家论得对不对，都不能帮助自己或他人成为领导者。专家们论的是知识，但对于究竟什么是知识，每个人的看法都不相同。我以为，所谓知识：一是知，知道的知；二是识，识别的识。即知道的内容，也要自己加以识别，才可能是自己可以驾驭的知识。对于需要将知识化为能力，帮助业绩提升的企业需求来说，即使是这样的知识，也与在不同情况下实施恰当的做法来获得想要获得的结果，相距甚远。

这正是BAL训练课的关注点：训练管理者掌握和具备一个领导者的惯性思维和行为能力——能够练到在对具体事情的领导中把领导这件事不假思索地做到位。一位第一次听我讲领导力课程的合作者说：以前听领导力的课是从听者的角度去评价讲师讲得好不好，听我讲课可以从行动者的角度去考量所讲内容的实用程度。

关于领导力的书籍和理论汗牛充栋，多到让人无从说起。所以我从哪家理论说起其实都无妨，反正我关注的不是谁家理论更对、更有高度。我关注的是如何操作有效，如何不离开操作的指向——目的。这里我们从*On Becoming a Leader*一书说起。作者沃伦·本尼斯（Warren Bennis）在书中秉承积极心理学一脉，认为领导的本质就是全面自由地展现自己，而不是去证明自己。人应该听从内心的声音，去做自己喜欢的事，而不是去做别人心中成功的人。因为当你做你喜欢的事时，自然会对周边产生影响。作者强调由内而外，强调内心的信仰和理想，认为正是这种内在的指引给了领导者以自信和人格魅力。作者多次强调“正直”在领导者品德中的重要性，提出领导力在于远见和激励。这本书的第一章是从奥巴马当选开始说起的。作者回顾了美国2000年初的一系列企业丑闻，以及此后2007～2008年的金融危机，感慨美国企业界和政治界领导力的匮乏，并设问奥巴马是否能成为大家期望的领袖。作者显然不看好奥巴马的领导行为：善于演讲只是外在的技巧，并不一定具备团结周围的人一起前进的灵魂。

沃伦·本尼斯说的完全正确。如果领导者自己的心领导不了自己的行动，自己的行动无法受自己的心的领导，不能心到、说到、做到，保持直线一般的正直，怎么可能“由内而外”地产生影响他人的领导力呢。但这就是正确的废话。所有问题由此而来：

什么样的人能被作者称为“由内而外”的领导者呢？在沃伦·本尼

斯的眼里，奥巴马肯定不是，特朗普就更是一个天大的问号。那我们就说说乔布斯吧，乔布斯临终前不说改变世界是他最想要的，而是说为钱所做的太多事影响了他真正想要的。乔布斯都如此，我们究竟该怎样做才是成为自己呢？

我们如何考量一个人是否具备了由内而外领导他人的能力了呢？实行民主政治的超级大国美国都无法考量选举怎样的总统才能符合作者所谓由内而外身心合一的领导者，从作者不怎么满意的奥巴马到可能更不令人满意的特朗普，美国通过民主政治选出来的总统都会有这样的差池，沃伦·本尼斯的论断给谁看能起到作用呢？做自己和证明自己，确实是不同的层次，但能说得清乔布斯在做自己的同时不是在向世界证明他最牛吗？那么沃伦·本尼斯所言领导的本质是做自己，不是证明自己，得是多高的能量级别的人才能做到？全世界能成长为这样的领导者的人真可谓寥寥无几了。

而事实是：大到国家、小到企业和机构都需要大量的领导者来带领一组人或一群人共同完成任务。这些领导者很可能无法做到由内而外，反而自身会被巨大的外界影响力所影响。他们甚至在不想成为领导的时候就被硬提拔为领导。他们如何能成为不得不成为的领导呢？

我在讲领导力课程二十多年的经历中看到过太多并不想成为领导的人无奈地走上了领导的岗位，包括我自己，从一个高天赋的“个人英雄”变成在自己企业不得不带队伍的领导者，我的大实话是：

成为领导者，可能只是个体人生的一个“场景”。我们在经由一个个人生的场景来完成自我蜕变的生命使命。成为领导者无疑是一个非常重要的人生场景——从不明白需要知道自己是谁，到渐渐明白了在领导这个位置上自己该扮演怎样的角色。

成为领导者，也可以是被外在情势所逼之下，从外在行为的改变开始发力，导致内在的改变（或也可能改变不大）。这个概率很可能远远高于由内而外。

成为领导者，首先需要改变的是自我定位——从“一人吃饱全家不饿”转变为“替一家人掌舵”。然后是认真掌握这门新的谋生的手艺——领导者不过是需要稳稳站在引导他人达成目标的位置上来把握某种领导的思维逻辑和某种与人合作的人际技巧。

成为领导者，一旦硬要按照某种领导力理论把自己包装成一个以为知道自己是谁，以为自己必须是知行合一的神，就一定会漏洞百出。

我这样“顶撞”现行的颇多领导力理论，我这样来理解成为领导者，是因为我做不成靠写领导力著作、靠无比正确的领导力理论，而不用靠发挥真正的领导力来挣钱吃饭的学者教授。我是必须面对学员的培训师，我更是个必须实操领导力才有出头之日的实践者。我不得不面对无数管理者面对的泥潭，面对无数学员抛给我的难题，我必须把我的两只脚深深地插入真实的泥土里才能解决问题，才不至于砸了我自己的饭碗。

所以我坚定地认定：成为领导者，始于面对真实，而不是面对真理！

- 员工能力尚可但工作懈怠，总觉得手头的工作没有挑战性，该怎么激励他？
- 绩效能力优秀的人员提出离职，该如何处理？
- 面对激烈市场竞争，薪酬激励吸引力不足，员工稳定性差，该怎么办？
- 员工思想懈怠、工作效率低下的问题该如何处理？
- 公司不同意换人，但如果不换人可能对公司绩效完成有隐患，该怎么办？
- 新提拔的业务高手团队管理能力偏弱，该如何处理？

- 如何帮助员工快速融入，做好员工关怀？
- 刚提拔上来的上司风格灵活随性，决策持续性不强，指令变动大，很难深化持续执行。

这些只是学员提给我的成堆的领导力难题的冰山一角。

没有任何一种理论能够落地到帮助我的学员们解决所有他们碰到的实际问题，包括他们之中有很多人并不真的喜欢成为领导者，只是因为做领导比做员工能有更好的收入，能更受人尊重，才干上了管理岗，遇到这类心脑不一的问题。

那我们该怎么做，才能让领导力训练这件事更靠谱、更符合实际情况？

我的方法就是先"关起门来"，别告诉他人领导力是什么，领导该成为什么样的人，这不是领导力这门手艺可以教会的。知道领导力是什么，无法帮助人掌握领导力；知道领导该成为什么样的人，更是领导的父母都已然无法决定的事。每个人是什么肤色、有怎样的潜质，是这个人的基因和他父母的言传身教已经奠定了的。我们可以告诉他人的是：任何领导都必须产出的结果是什么，以及基于需要产出的结果，在大概率上游戏规则是怎样的，并帮助领导者获得实施这些游戏规则的技能。

所谓先"关起门来"，就是把任何领导都必须产出的结果先树立起来——领导需要担负的责任无法靠嘴说，而是需要行动去达成的。那作为一个管理者，先要知道最终需要达成什么，然后才谈得上用什么方法来达成。至于你作为领导是一个怎样的人，是被选择时就应该问的问题。

我把领导力必须产生的结果命名为 RMCS 衡量标准：R 就是业绩（result）、M 就是士气（morale）、C 就是能力（competence）、S 就是系统（system）。连起来就是：任何一个人，从成为管理者，领导他人做事的那天起，就必须管理任务和员工，以达到管理的目的。

对任务而言，领导者需要在完成短期业绩目标的同时，不断优化做事的方法，也就是对未来业绩的达标做出布局，这就是业绩（result）和系统（system）的由来。初出茅庐的管理者总是会有顾首不顾尾的倾向。他们中的大多数都来自优秀的业务人员，他们在惯性作用下都非常清楚眼前必须完成的任务目标是什么，但往往会忽略为长期布局。要做到一手抓短期、一手抓长期，就需要管理者从“盯摊”的格局转变为“看盘”的格局。这种思维训练，对一个希望未来越做越好的领导者来说，既是一个不可逃避的必需的转变，也是一个最容易忽略的陷阱。

所谓领导者，也是在人群中领着众人达成目标的那个人。那么，面对他人，让他人来完成任务，而不是靠自己的业务能力来达成目标，就变成了对领导者最大的挑战。这要求管理者不仅要从“盯摊”的格局转变为“看盘”的格局，还需要管理者从“一人吃饱全家不饿”的视角转变为“只有大家好了自己才能好”的视角。什么是大家好？从完成团队业绩的目的来说，就是你领导的员工既有能力也有士气来完成团队业绩。这就是能力（competence）和士气（morale）的由来。

如果一位领导者经由训练，能够在做每项任务的管理和领导中，都充分关注到人和事、短期和长期这四个维度，那么，他对领导力这门手艺的掌握，就能达到游刃有余的境界。

这就是“BAL 创建领导力©”瞄准的训练原则。任何领导力论述也许都无法做到让已经走上领导岗位的人按照书籍所示来成全理想的领导者人格，但有目的导向的领导力训练可以让踏上领导岗位的人做到有衡量标准可依，并能够针对该衡量标准，踏上能在大概率上达标的管理道路，做到有套路可循。这还不够，还需要用模拟训练的方式让领导者们在反复训练中形成自己的肌肉记忆。

这能办到吗？就像训练职业运动员、职业军人那样，对有毅力坚持训练的人来说，这或许是最有效、最直接而简单的途径。

最后就到了结论：论领导力，可以很理想化，也可以说得在理论上完全正确。但在实际情况中，对管理的实践者来说，成为领导者可以仅仅只是一门岗位技术和人际艺术。只要技术和艺术精湛，就可以如职业军人或职业运动员那样，无论在哪个团队做领导都可以活得风生水起。唯一不变的原则就是：如若到了领导岗位，却背离了领导的技术，那么，即使业务能力高强如项羽，也只能是刘邦的手下败将。项羽和刘邦的差别，并不在于领导者应该是怎样的人，而在于是否面对真实情况，在商言商，在岗言岗，上了领导岗位就在其位、谋其政、施其术。

推荐阅读

读懂未来10年前沿趋势

一本书读懂碳中和
安永碳中和课题组 著
ISBN：978-7-111-68834-1

双重冲击：大国博弈的未来与未来的世界经济
李晓 著
ISBN：978-7-111-70154-5

元宇宙超入门
方军 著
ISBN：978-7-111-70137-8

量子经济：如何开启后数字化时代
安德斯・因赛特 著
ISBN：978-7-111-66531-1